# Les Québécoises déchiffrées

## PORTRAIT STATISTIQUE

BIBLIOTHÈQUE ADMINISTRATIVE
Conseil du trésor – Services gouvernementaux
Éléments de catalogage avant publication

Les Québécoises déchiffrées : portrait statistique / [recherche et rédaction, Louise Motard et Lucie Desrochers ; réalisé par le Conseil du statut de la femme]. – Sainte-Foy, Québec : Publications du Québec, [1995].

(Réalités féminines)
Bibliogr.
ISBN 2-551-16079-0

1. Femmes – Québec (Province) – Statistiques 2. Femmes – Québec (Province) – Conditions sociales – Statistiques I. Desrochers, Lucie. II. Québec (Province). Conseil du statut de la femme. III. Titre. IV. Collection.

A11S7 R42

**Les
PUBLICATIONS
DU QUÉBEC**

# Les Québécoises déchiffrées

## PORTRAIT STATISTIQUE

Québec ✚✚

Le contenu de cette publication a été réalisé
par le Conseil du statut de la femme.

Cette publication a été produite par
Les Publication du Québec
1500D, boul. Charest Ouest, 1<sup>er</sup> étage
Sainte-Foy (Québec)
G1N 2E5


**Coordination**
Monique des Rivières

**Recherche et rédaction**
Louise Motard,
Lucie Desrochers

**Révision linguistique**
Éliane de Nicolini

**Collaboration**
Francine Bérubé



**Graphisme**
Communication Francine Bouchard



Dépôt légal – 1995
Bibliothèque nationale du Québec
Bibliothèque nationale du Canada
ISBN 2-551-16079-0

# Table des matières

# Liste des tableaux
# et des graphiques

## Revenu : les retraitées

## Revenu : les bénéficiaires de l'aide sociale

## Revenu : la pension alimentaire

## Données diverses : la participation aux instances de pouvoir – les parlements et les gouvernements

*Données diverses : le bénévolat*

*Données diverses : le partage du travail domestique – le temps consacré à ces tâches*

*Données diverses : les femmes victimes de violence*

# Introduction

Le présent document regroupe les statistiques les plus révélatrices et les plus récentes sur différents aspects de la vie des femmes et donne aux utilisatrices et utilisateurs des références pour creuser davantage les sujets qui attirent leur attention.

Par ce recueil de statistiques sur les Québécoises, le Conseil du statut de la femme entend contribuer à satisfaire les besoins d'information de toute personne intéressée par la situation des femmes. Les chercheuses et les chercheurs, les journalistes, la population étudiante et les groupes de défense des intérêts des femmes, entre autres, y trouveront des données qui répondront à leurs interrogations ou les dirigeront vers des pistes de recherches plus fructueuses.

L'ouvrage se divise en six grandes parties touchant chacune une dimension de la population féminine. D'abord, le chapitre sur la démographie permet de situer les femmes dans l'ensemble de la population du Québec. Puis, les chapitres suivants décrivent la situation des femmes sur les plans de la santé et de l'éducation. Ensuite, les parties traitant du marché du travail et du revenu dressent un portrait de leur condition économique. Enfin, le dernier chapitre réunit différentes facettes de la vie des femmes.

Fait à noter, les données sont présentées de telle façon que les lectrices et les lecteurs peuvent avoir une bonne idée du sort des femmes par rapport à celui des hommes dans différents domaines. Aussi, dans certains cas, ils pourront constater l'évolution de la situation des femmes dans le temps ou la comparer avec d'autres sociétés.

Tous les chapitres, qui portent chacun sur un grand thème, sont composés de la même façon. Une courte présentation du thème précède l'exposé de sous-thèmes ; chaque sous-thème est lui-même présenté par un texte suivi d'une série de tableaux ou de graphiques illustrant la situation décrite. Lorsque des sources de statistiques, autres que celles indiquées comme sources des tableaux, existent, elles sont présentées dans un encadré avec la mention *Pour en savoir plus*. Pour faciliter la consultation du recueil, un index des mots-clés figure à la fin du volume. Enfin, une liste de sources de statistiques fréquemment utilisées permet d'orienter les recherches des personnes qui ne trouvent pas de réponses à leurs questions dans le présent document.

# La démographie

Ce premier chapitre fait état de la situation générale des femmes dans l'ensemble de la population du Québec. On y trouvera, entre autres, des données sur la répartition des femmes par groupe d'âge et par région administrative ainsi que quelques statistiques sur les femmes immigrantes.

Le présent chapitre contient également des statistiques sur la situation matrimoniale des femmes. L'augmentation du nombre de couples vivant en union libre, la diminution du nombre de mariages, et l'évolution de la situation quant au divorce illustrent les changements importants que la société québécoise a connus au cours des dernières décennies.

Succèdent à ces données des statistiques sur la vie familiale des femmes, soit la fécondité, la présence d'enfants dans les familles et le type de ménage dans lequel elles vivent.

De différentes façons, la condition des femmes est fréquemment comparée à celle des hommes.

Plusieurs tableaux du présent chapitre permettent d'apprécier l'évolution des situations dans le temps ou de comparer le Québec avec le Canada ou d'autres pays.

Le présent chapitre expose donc des données de base sur l'ensemble de la population féminine et dessine à grands traits l'évolution de la société québécoise, principalement en ce qui touche l'organisation familiale.

# Démographie :
# la répartition de la population selon l'âge

En 1991, le recensement canadien a dénombré au Québec 3 518 295 femmes et 3 377 675 hommes (tableau 1.1). Le nombre plus élevé de femmes découle principalement du fait que celles-ci sont nettement plus nombreuses que les hommes parmi les personnes de 65 ans ou plus ; on compte, en effet, 458 880 femmes parmi ce groupe d'âge, comparativement à 312 045 hommes. En clair, cela signifie que 6 personnes de 65 ans ou plus sur 10 sont des femmes. Cette majorité de femmes parmi les aînés compense largement le fait que les hommes sont légèrement plus nombreux parmi les personnes de moins de 25 ans.

L'évolution de la répartition des Québécoises par groupe d'âge depuis 1951 permet de constater un vieillissement de la population féminine (tableau 1.2). Ainsi, alors qu'en 1951, le tiers de cette population avait 14 ans ou moins, que la proportion de femmes diminuait avec l'avancement en âge et que 5,8 % des Québécoises avaient 65 ans ou plus, la situation est très différente en 1991. Seulement une femme sur 5 est désormais âgée de 14 ans ou moins, les Québécoises se répartissent plus également entre les groupes d'âge, et 13 % d'entre elles ont 65 ans ou plus. Ces changements sont attribuables à deux phénomènes, soit la diminution de l'indice synthétique de fécondité, c'est-à-dire le nombre moyen d'enfants par femme, et l'augmentation notable de l'espérance de vie des femmes.

Bien que l'élévation de l'espérance de vie touche aussi les hommes, elle favorise davantage les femmes et spécialement les femmes d'âge avancé (tableau 1.3). Entre 1951 et 1991, les changements les plus importants du taux de féminité ont été observés dans le groupe d'âge des 85 ans ou plus, suivi par celui des 75 à 84 ans et, enfin, par le groupe des 65 à 74 ans. Il en découle qu'en 1991, 71,5 % des personnes de 85 ans ou plus sont des femmes et que ces dernières forment respectivement 62,9 % des 75-84 ans et 56,3 % des 65-74 ans.

Tableau 1.1
**Population par sexe, selon le groupe d'âge, Québec, 1991**

| Année | Femmes N | Hommes N | Taux de féminité |
|---|---|---|---|
| 0- 4 | 217 930 | 227 410 | 48,9 |
| 5-14 | 454 290 | 478 545 | 48,7 |
| 15-24 | 455 395 | 470 345 | 49,2 |
| 25-34 | 622 190 | 618 760 | 50,1 |
| 35-44 | 570 360 | 564 010 | 50,3 |
| 45-54 | 407 095 | 400 720 | 50,4 |
| 55-64 | 332 155 | 305 840 | 52,1 |
| 65 ou + | 458 880 | 312 045 | 59,5 |
| **Total** | **3 518 295** | **3 377 675** | **51,0** |

Source : Statistique Canada, *Âge, sexe et état matrimonial*, catalogue 93-310, tableau 1.

Tableau 1.2
**Répartition des Québécoises par groupe d'âge, 1951-1991**

| Groupe d'âge | 1951 % | 1961 % | 1971 % | 1981 % | 1991 % |
|---|---|---|---|---|---|
| 0-14 | 33,0 | 34,7 | 28,8 | 20,8 | 19,1 |
| 15-24 | 17,0 | 16,0 | 19,2 | 19,1 | 12,9 |
| 25-34 | 16,0 | 14,1 | 14,1 | 17,4 | **17,7** |
| 35-44 | 12,8 | 12,8 | 11,9 | 12,7 | 16,2 |
| 45-54 | 9,2 | 9,7 | 10,5 | 10,6 | 11,6 |
| 55-64 | 6,2 | 6,5 | 7,9 | 9,1 | 9,4 |
| 65 ou + | 5,8 | 6,2 | 7,7 | 10,2 | 13,0 |
| Total | 100,0 | 100,0 | 100,0 | 100,0 | 100,0 |
| **Total N** | **2 033 554** | **2 627 355** | **3 033 235** | **3 266 205** | **3 518 295** |

Source : *Ibid*.

Tableau 1.3
**Taux de féminité des personnes âgées de 65 ans ou plus, par groupe d'âge, Québec, 1951-1991**

| Groupe d'âge | 1951 % | 1961 % | 1971 % | 1981 % | 1991 % |
|---|---|---|---|---|---|
| 65-74 | 50,3 | 52,1 | 55,0 | 56,2 | 56,3 |
| 75-84 | 52,2 | 53,5 | 58,3 | 62,1 | 62,9 |
| 85 ou + | 57,5 | 57,3 | 61,2 | 67,2 | 71,5 |
| **Total** | **51,1** | **52,8** | **56,3** | **58,6** | **59,5** |

Source : *Ibid*.

### *Pour en savoir plus*

Duchesne, Louis, *La situation démographique au Québec*, Bureau de la statistique du Québec, Les Publications du Québec, publication annuelle.

Bureau de la statistique du Québec, *Le vieillissement démographique et les personnes âgées au Québec*, Les Publications du Québec, 1991, 297 p.

# Démographie :
## les femmes en région

Les Québécoises se répartissent inégalement entre les différentes régions administratives (tableau 1.4). Un peu plus du quart habitent l'île de Montréal et 17,2 %, la région de la Montérégie. Les régions de Québec et de Mauricie–Bois-Francs viennent ensuite avec respectivement 9 % et 6,8 % des Québécoises. Ce sont les régions du Nord-du-Québec, de la Côte-Nord et de la Gaspésie–Îles-de-la-Madeleine qui comptent le moins grand nombre de Québécoises.

Les taux de féminité montrent que, dans plusieurs régions, le pourcentage de femmes est sensiblement le même que celui des hommes alors que, dans d'autres, elles sont, soit plus nombreuses ou moins nombreuses qu'eux. Entre autres, les femmes sont surreprésentées dans l'île de Montréal (52,3 %) et dans la région de Québec (51,7 %), tandis qu'on les retrouve en moins grand nombre que les hommes surtout au Nord-du-Québec (48,2 %) et sur la Côte-Nord (48,9 %).

Lorsqu'on compare la répartition selon le groupe d'âge des femmes de chaque région avec celle de l'ensemble du Québec (tableau 1.5), on constate des écarts non négligeables pour plusieurs régions. Celles qui se distinguent le plus sont les régions du nord (Nord-du-Québec, Abitibi-Témiscamingue et Côte-Nord) où les moins de 30 ans sont surreprésentées par rapport à la moyenne du Québec. D'autre part, les femmes de 45-64 ans et surtout celles de 65 ans ou plus sont davantage sous-représentées. La région de Montréal fait également bande à part : ce sont toutefois les jeunes de 0-14 ans qui sont sous-représentés (14,8 % contre 19,1 % pour le Québec), alors que la proportion de femmes de 65 ans ou plus est de 16,9 %, soit près de 4 points de pourcentage de plus que la moyenne québécoise.

Tableau 1.4
**Répartition des femmes par région, Québec, 1991**

| Région administrative | Femmes | | Taux de |
|---|---|---|---|
| | N | % | féminité |
| Gaspésie – Îles-de-la-Madeleine | 52 990 | 1,5 | 50,0 |
| Bas-Saint-Laurent | 104 040 | 3,0 | 50,7 |
| Saguenay – Lac-Saint-Jean | 143 670 | 4,1 | 50,2 |
| Québec | 318 325 | 9,0 | 51,7 |
| Chaudière-Appalaches | 184 905 | 5,3 | 50,3 |
| Mauricie–Bois-Francs | 237 560 | 6,8 | 51,0 |
| Estrie | 136 970 | 3,9 | 51,0 |
| Montérégie | 605 970 | 17,2 | 50,6 |
| Montréal | 929 565 | 26,4 | 52,3 |
| Laval | 159 445 | 4,5 | 50,7 |
| Lanaudière | 167 245 | 4,8 | 49,9 |
| Laurentides | 191 415 | 5,4 | 50,1 |
| Outaouais | 143 305 | 4,1 | 50,5 |
| Abitibi-Témiscamingue | 74 900 | 2,1 | 49,3 |
| Côte-Nord | 50 460 | 1,4 | 48,9 |
| Nord-du-Québec | 17 510 | 0,5 | 48,2 |
| **Ensemble du Québec** | **3 518 275** | **100,0** | **51,0** |

Source : Duchesne, Louis, *La situation démographique au Québec, Édition 1993,* Bureau de la statistique du Québec, Les Publications du Québec, tableau 204.

Tableau 1.5
**Répartition des femmes par groupe d'âge, selon la région administrative, Québec, 1991**

| Région administrative | Groupe d'âge | | | | | |
|---|---|---|---|---|---|---|
| | 0-14 % | 15-29 % | 30-44 % | 45-64 % | 65 + % | Total % |
| Gaspésie – Îles-de-la-Madeleine | 20,2 | 21,1 | 25,4 | 20,4 | 12,9 | 100,0 |
| Bas-Saint-Laurent | 20,5 | 19,5 | 25,3 | 20,2 | 14,5 | 100,0 |
| Saguenay – Lac-Saint-Jean | 22,8 | 20,9 | 25,8 | 20,4 | 10,1 | 100,0 |
| Québec | 16,9 | 21,7 | 25,7 | 21,9 | 13,9 | 100,0 |
| Chaudière-Appalaches | 22,0 | 20,4 | 25,4 | 19,6 | 12,6 | 100,0 |
| Mauricie – Bois-Francs | 19,7 | 19,4 | 24,4 | 21,6 | 14,8 | 100,0 |
| Estrie | 20,0 | 21,0 | 24,1 | 20,4 | 14,5 | 100,0 |
| Montérégie | 20,9 | 21,2 | 26,6 | 20,4 | 10,8 | 100,0 |
| Montréal | 14,8 | 22,1 | 23,7 | 22,4 | 16,9 | 100,0 |
| Laval | 19,2 | 21,6 | 25,8 | 23,0 | 10,4 | 100,0 |
| Lanaudière | 22,6 | 20,2 | 28,2 | 19,5 | 9,5 | 100,0 |
| Laurentides | 21,5 | 20,8 | 27,1 | 20,1 | 10,5 | 100,0 |
| Outaouais | 20,7 | 23,3 | 27,3 | 19,1 | 9,7 | 100,0 |
| Abitibi-Témiscamingue | 23,5 | 23,1 | 25,7 | 18,2 | 9,5 | 100,0 |
| Côte-Nord | 22,8 | 24,6 | 26,6 | 19,4 | 6,7 | 100,0 |
| Nord-du-Québec | 32,4 | 27,7 | 23,3 | 13,6 | 3,0 | 100,0 |
| **Ensemble du Québec** | **19,1** | **21,4** | **25,4** | **21,0** | **13,0** | **100,0** |

Source : *Ibid.*

## Pour en savoir plus

Bureau de la statistique du Québec, *Perspectives démographiques du Québec et de ses régions 1986-2046*, Les Publications du Québec, 1990, 400 p.

Duchesne, Louis, *La situation démographique au Québec*, Bureau de la statistique du Québec, Les Publications du Québec, publication annuelle.

# Démographie : les femmes immigrantes

En 1991, on compte 293 430 femmes immigrantes au Québec (voir définition ci-après) ; ces femmes représentent 8,3 % des Québécoises. Comme elles ont immigré surtout à l'âge adulte, elles se répartissent entre les groupes d'âge de façon différente de l'ensemble des Québécoises (tableau 1.6). En effet, on retrouve une proportion moins élevée d'immigrantes dans les groupes d'âge de 15 à 24 ans (9,7 % comparativement à 12,9 % pour l'ensemble des Québécoises). Cet écart s'accentue dans le groupe des moins de 15 ans, où la proportion d'immigrantes s'élève à 6,4 % comparativement à 19,1 % pour l'ensemble des Québécoises de ce groupe d'âge. Par contre, les proportions des femmes immigrantes dans les autres groupes d'âge sont plus élevées que celles des Québécoises ; c'est particulièrement le cas du groupe d'âge des 45 à 64 ans, dans lequel on retrouve 29,8 % des femmes immigrantes, comparativement à 21 % pour l'ensemble des Québécoises. Par ailleurs, les femmes immigrantes représentent près de la moitié des personnes immigrantes dans tous les groupes d'âge, sauf dans celui des 65 ans ou plus où leur proportion s'élève à 55,7 %.

Les deux tiers des femmes immigrantes vivent au Canada depuis plus de 10 ans, et 43,1 %, depuis plus de 20 ans (graphique 1A). Parmi les femmes qui ont immigré au Canada plus récemment, 17,5 % l'ont fait entre 1981 et 1987 et 15,4 %, entre 1988 et 1991.

La très grande majorité des femmes immigrantes habitent la région métropolitaine de Montréal (tableau 1.7) : en 1991, 88,7 % d'entre elles y résident, composant ainsi 16 % de la population féminine de cette région.

### Définition

Une personne immigrante est une personne qui n'a pas la citoyenneté canadienne par naissance, mais qui a obtenu des autorités canadiennes de l'immigration le droit de vivre en permanence au Canada.

Tableau 1.6
**Répartition des femmes immigrantes selon le groupe d'âge, Québec, 1991**

| Groupe d'âge | Femmes immigrantes | | | Ensemble des Québécoises % |
|---|---|---|---|---|
| | Nombre | % | Taux de féminité | |
| 0-14 | 18 735 | 6,4 | 48,3 | 19,1 |
| 15-24 | 28 550 | 9,7 | 48,1 | 12,9 |
| 25-44 | 107 670 | 36,7 | 49,3 | 33,9 |
| 45-64 | 87 355 | 29,8 | 47,8 | 21,0 |
| 65 ou + | 51 120 | 17,4 | 55,7 | 13,0 |
| **Total** | **293 430** | **100,0** | **49,6** | **100,0** |

Source : Statistique Canada, *Immigration et citoyenneté*, catalogue 93-316, tableau 4.

Graphique 1A
**Répartition des femmes immigrantes selon la période d'immigration, Québec, 1991**

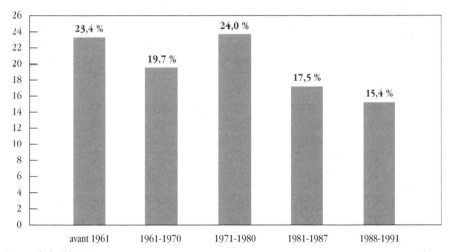

Source : *Ibid.*, tableau 7.

Tableau 1.7
**Répartition des femmes immigrantes selon la région métropolitaine de recensement, Québec, 1991**

| Région métropolitaine | Nombre | % |
|---|---|---|
| Chicoutimi-Jonquière | 555 | 0,2 |
| Montréal | 260 360 | 88,7 |
| Québec | 6 380 | 2,2 |
| Sherbrooke | 2 435 | 0,8 |
| Trois-Rivières | 785 | 0,3 |
| Autre région de résidence | 22 915 | 7,8 |
| **Total** | **293 430** | **100,0** |

Source : *Ibid.*

## *Pour en savoir plus*

Di Domenico, Mariangela, *Les femmes immigrées du Québec, quelques éléments d'un portrait socio-économique*, Conseil du statut de la femme, 1993, 35 p.

Lamotte, Aleyda, *L'immigration féminine au Québec, Bulletin statistique, vol. 2, 1991*, Ministère de l'Immigration et des Communautés culturelles, Collection Statistiques et Indicateurs, n° 5, Montréal, 1994, 64 p.

Ministère des Communautés culturelles et de l'Immigration, *L'immigration féminine au Québec, Bulletin statistique, vol. 1, 1986-1990*, le Ministère, Collection Statistiques et Indicateurs, n° 2, Montréal, 1992, 78 p.

# Démographie :
# l'état matrimonial

La répartition des Québécoises de 15 ans ou plus selon l'état matrimonial (voir note) s'est passablement modifiée entre 1971 et 1991 (tableau 1.8). Alors que la proportion des femmes vivant en couple demeurait stable, celle des femmes divorcées et des veuves a augmenté au détriment de la proportion des célibataires, qui est passée de 30,7 % à 24,3 %. Divers facteurs expliquent ces changements : l'adoption de la *Loi sur le divorce* en 1968, le vieillissement de la population féminine et surtout la montée de l'union libre.

Le tableau 1.9 montre la proportion de conjointes en union libre parmi l'ensemble des femmes qui vivent en couple. Ainsi, alors qu'en 1981, elles représentaient 8,2 % des conjointes, leur proportion est passée à près d'une conjointe sur cinq. Notons que le phénomène de l'union libre est nettement plus marqué au Québec que dans le reste du Canada : selon les données du recensement de 1991, 42,3 % des couples vivant en union libre au Canada résident au Québec. Toujours selon ces mêmes données, le pourcentage de femmes vivant en union libre diminue rapidement avec l'augmentation en âge des conjointes ; la très grande majorité (87,2 %) des femmes qui vivent en union libre ont 44 ans ou moins. De plus, 71,9 % des conjointes en union libre sont célibataires, 20,6 %, divorcées, 4 %, veuves et 3,4 %, séparées.

Le tableau 1.10 présente la répartition, en 1991, des Québécoises de 15 ans ou plus selon l'état matrimonial légal. On constate une différence entre ces données et celles présentées au tableau 1.8 se rapportant à la situation de fait. Car, si la proportion des femmes séparées et des veuves est sensiblement la même, les pourcentages diffèrent pour les célibataires, les femmes mariées ou divorcées. L'union libre explique l'écart de 10 points de pourcentage entre les femmes « mariées de fait » et les femmes « mariées légalement ».

Note : Dans les recensements canadiens, la variable « état matrimonial » désigne l'état matrimonial de fait ; sont donc déclarées mariées les personnes vivant en couple.

Tableau 1.8
**Évolution de l'état matrimonial des Québécoises de 15 ans ou plus (situation de fait), 1971-1991**

| État matrimonial | 1971 % | 1981 % | 1991 % |
|---|---|---|---|
| Célibataires | 30,7 | 27,6 | 24,3 |
| Mariées | 57,5 | 57,7 | 57,9 |
| Séparées | 2,6 | 2,3 | 2,2 |
| Veuves | 8,5 | 9,3 | 10,1 |
| Divorcées | 0,7 | 3,1 | 5,5 |
| Total | 100,0 | 100,0 | 100,0 |
| **Total N** | **2 160 230** | **2 586 615** | **2 846 075** |

Source : Statistique Canada, *Âge, sexe et état matrimonial*, catalogue 93-310, tableau 2.

Tableau 1.9
**Répartition des femmes mariées selon le statut marital légal, Québec, 1981-1991**

| Année | En union libre | | Mariées légalement | | Total | |
|---|---|---|---|---|---|---|
| | N | % | N | % | N | % |
| 1981 | 119 490 | 8,2 | 1 343 335 | 91,8 | 1 462 825 | 100,0 |
| 1986 | 188 660 | 12,6 | 1 310 030 | 87,4 | 1 498 690 | 100,0 |
| 1991 | 306 910 | 18,6 | 1 341 180 | 81,4 | 1 648 090 | 100,0 |

Sources : *Ibid.*, tableaux 5 et 6.
Messier, Suzanne, *Les femmes ça compte*, Conseil du statut de la femme, Les Publications du Québec, Québec, 1984, p. 36.

Tableau 1.10
**Répartition des Québécoises de 15 ans ou plus selon l'état matrimonial légal, 1991**

| État matrimonial légal | N | % |
|---|---|---|
| Célibataires | 913 950 | 32,1 |
| Mariées | 1 341 180 | 47,1 |
| Séparées | 73 395 | 2,6 |
| Veuves | 298 605 | 10,5 |
| Divorcées | 218 945 | 7,7 |
| **Total** | **2 846 075** | **100,0** |

Source : Statistique Canada, *Âge, sexe et état matrimonial*, catalogue 93-310, tableau 5.

### *Pour en savoir plus*

Duchesne, Louis, *La situation démographique au Québec*, Bureau de la statistique du Québec, Les Publications du Québec, publication annuelle.

# Démographie :
# les mariages

La popularité de l'union libre depuis près de 20 ans a entraîné une diminution importante du nombre de mariages (tableau 1.11). Ainsi, alors qu'en 1971 et en 1976, près de 50 000 mariages étaient célébrés chaque année, 25 821 couples se sont mariés en 1992. Conséquence logique de la montée des divorces, les mariages sont le fait de moins en moins de femmes célibataires et de plus en plus de femmes divorcées : en 1971, 94 % des mariages étaient des premiers mariages alors qu'en 1992, ce pourcentage s'élève à 80,3 %. À propos de remariage, notons que les femmes divorcées et les veuves se remarient moins et moins rapidement que les hommes divorcés et les veufs.

La diminution du nombre de mariages s'est accompagnée d'une baisse de l'indice synthétique de nuptialité des célibataires (tableau 1.12). Ce dernier n'est plus que de 0,377 pour les femmes et de 0,335 pour les hommes. Il signifie que moins de 4 célibataires sur 10 se marieront avant l'âge de 50 ans si la tendance des dernières années reste constante. Cette chute est assez spectaculaire, si on considère que l'indice était de près de 9 sur 10 en 1971. En plus de la montée de l'union libre, la chute des indices synthétiques de nuptialité s'explique partiellement par l'élévation de l'âge moyen au premier mariage qui atteint, en 1992, 26,2 ans pour les femmes et 28,1 ans pour les hommes.

La chute des indices synthétiques de nuptialité est également observée au Canada et dans plusieurs pays européens (tableau 1.13). Toutefois, aucun pays dont les statistiques sur la nuptialité sont connues n'affiche des indices plus faibles que ceux du Québec. Par ailleurs, mentionnons que, selon les démographes, la chute de la nuptialité légale chez les personnes de moins de 50 ans au Québec n'est pas compensée totalement par la hausse des unions libres, de telle sorte que la proportion de personnes vivant en couple diminue chez les moins de 50 ans, ce phénomène s'accentuant avec la diminution de l'âge des personnes.

Tableau 1.11
**Évolution des mariages selon l'état matrimonial antérieur de la femme,
Québec, 1951-1991**

| Année | Total des mariages | Premiers mariages (femmes célibataires) | | Remariages | |
|---|---|---|---|---|---|
| | | | | Veuves | Divorcées |
| | N | N | %/total | N | N |
| 1951 | 35 704 | 34 087 | 95,5 | 1 414 | 203 |
| 1956 | 37 290 | 35 607 | 95,5 | 1 405 | 278 |
| 1961 | 35 943 | 34 275 | 95,4 | 1 381 | 287 |
| 1966 | 44 411 | 42 479 | 95,6 | 1 565 | 367 |
| 1971 | 49 695 | 46 708 | 94,0 | 1 708 | 1 279 |
| 1976 | 50 961 | 46 030 | 90,3 | 1 507 | 3 424 |
| 1981 | 41 006 | 36 006 | 87,8 | 1 155 | 3 845 |
| 1986 | 33 108 | 27 893 | 84,2 | 1 166 | 4 049 |
| 1991 | 28 922 | 23 788 | 82,2 | 775 | 4 359 |
| 1992 | 25 821 | 20 746 | 80,3 | 726 | 4 349 |

Source : Duchesne, Louis, *La situation démographique au Québec, Édition 1993*, Bureau de la statistique du Québec, Les Publications du Québec, tableau 502.

Tableau 1.12
**Indice synthétique de nuptialité et âge moyen au premier mariage selon le sexe,
Québec, 1971-1992**

| Année | Indice synthétique de nuptialité | | Âge moyen au premier mariage | |
|---|---|---|---|---|
| | Femmes | Hommes | Femmes | Hommes |
| 1971 | 0,836 | 0,860 | 23,5 | 25,6 |
| 1976 | 0,736 | 0,732 | 23,5 | 25,6 |
| 1981 | 0,557 | 0,543 | 24,1 | 26,0 |
| 1986 | 0,453 | 0,415 | 25,0 | 27,0 |
| 1991 | 0,426 | 0,380 | 25,9 | 27,8 |
| 1992 | 0,377 | 0,335 | 26,2 | 28,1 |

Source : *Ibid.*, tableau 503.

Tableau 1.13
**Indice synthétique de nuptialité dans quelques États**

| État | Année | Indice synthétique de nuptialité | |
|---|---|---|---|
| | | **Femmes** | **Hommes** |
| **Québec** | **1992** | **0,377** | **0,335** |
| Norvège | 1990 | 0,551 | 0,631 |
| Suède | 1990 | 0,557 | 0,629 |
| France | 1990 | 0,563 | 0,521 |
| Danemark | 1990 | 0,596 | 0,551 |
| Angleterre–Pays de Galles | 1989 | 0,649 | 0,524 |
| Canada | 1990 | 0,674 | 0,562 |

Source : *Ibid.*, p. 70.

### *Pour en savoir plus*

Lepage, Francine, Guylaine Bérubé et Lucie Desrochers, *Vivre en union de fait au Québec*, Les Publications du Québec, Collection Réalités féminines, 2ᵉ édition, Québec, 1992, p. 7-30.

Desrosiers, Hélène, et autres, *Monoparentalité et recomposition familiale chez les Québécoises*, Collection Études et recherches, Secrétariat à la famille, Québec, 1993, 95 p.

# Démographie :
# les divorces

Le nombre de divorces a augmenté rapidement de 1969, année suivant l'adoption de la *Loi sur le divorce*, jusqu'en 1976. Au cours de cette période, il est passé de 2 947 à 15 186 (tableau 1.14). Puis, il a diminué jusqu'en 1980, atteint un sommet en 1981, et régressé ensuite jusqu'en 1985 (15 814). Après l'entrée en vigueur, en 1986, de la nouvelle *Loi sur le divorce* qui facilite l'accès au divorce, le nombre de divorces s'est de nouveau élevé jusqu'à 20 398 en 1990. Ce nombre a connu une légère chute en 1991 (20 277) ; selon les experts, la tendance à la baisse devrait se poursuivre dans les prochaines années non pas, comme certains le prétendent, parce que les mariages redeviennent plus stables, mais plutôt parce que moins de couples se marient. Les données montrent en outre que, plus les mariages sont récents, plus les probabilités de divorcer sont élevées (graphique 1B). D'ailleurs, cette tendance s'est accentuée entre 1981 et 1991.

Le tableau 1.14 présente aussi l'évolution de l'indice synthétique de divortialité. Cet indice estime la proportion des mariages qui se termineraient par un divorce si les comportements d'une année donnée se maintenaient. En 1991, cette proportion est de 49,6 % au Québec comparativement à 38,3 % au Canada. Notons que, parmi les pays qui disposent de statistiques récentes, l'indice de divortialité dépasse 40 % dans les pays scandinaves ainsi qu'en Angleterre, et 50 % aux États-Unis.

Il faut prendre en considération que les statistiques sur le divorce ne dévoilent qu'une partie des ruptures d'union au Québec, puisque celles-ci touchent également les couples en union libre. Cependant, il n'existe pas de données précises et complètes sur le sujet. Toutefois, nous avons un indice : la proportion de célibataires parmi les mères seules est passée de 7,2 % en 1976 à 22 % en 1991.

On estime que le nombre d'enfants touchés par le divorce s'élève à 18 438 en 1991. La mère obtient la garde dans 77 % des cas, le père, dans 16 % et dans 7 % des cas, les enfants sont soumis à une garde partagée.

Tableau 1.14
**Nombre de divorces et indice synthétique de divortialité, Québec, 1969-1991**

| Année | Divorces N | Indice synthétique % | Année | Divorces N | Indice synthétique % |
|-------|------------|----------------------|-------|------------|----------------------|
| 1969 | 2 947 | 8,7 | 1981 | 19 193 | 44,3 |
| 1970 | 4 865 | 13,9 | 1982 | 18 579 | 42,0 |
| 1971 | 5 203 | 14,5 | 1983 | 17 365 | 39,1 |
| 1972 | 6 426 | 17,6 | 1984 | 16 845 | 38,1 |
| 1973 | 8 091 | 22,0 | 1985 | 15 814 | 36,0 |
| 1974 | 12 272 | 32,3 | 1986 | 18 399 | 42,1 |
| 1975 | 14 093 | 36,5 | 1987 | 19 315 | 44,8 |
| 1976 | 15 186 | 38,2 | 1988 | 19 825 | 46,6 |
| 1977 | 14 501 | 35,5 | 1989 | 19 790 | 47,2 |
| 1978 | 14 865 | 35,5 | 1990 | 20 398 | 49,4 |
| 1979 | 14 379 | 34,1 | 1991 | 20 277 | 49,6 |
| 1980 | 13 899 | 31,8 | | | |

Source : Duchesne, Louis, *La situation démographique au Québec, Édition 1993*, Bureau de la statistique du Québec, Les Publications du Québec, p. 74.

Graphique 1B
**Taux de divortialité selon la durée du mariage, Québec, 1991**

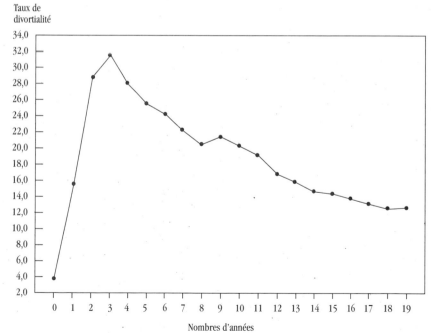

Source : *Ibid.*, p. 206.

## *Pour en savoir plus*

Dumas, J., *Rapport sur l'état de la population du Canada,* Statistique Canada, catalogue 91-209F, publication annuelle.

# Démographie : la fécondité

Au Québec, la fécondité a commencé à fléchir avec l'industrialisation et l'urbanisation qui s'ensuivit, soit au milieu du XIX^e siècle. Ainsi, alors que les femmes donnaient naissance en moyenne à 8 enfants au XVIII^e siècle et au début du XIX^e siècle, elles en avaient 6,3 vers 1875 et 4,8 à la fin du XIX^e siècle. La fécondité a continué à diminuer lentement, mais régulièrement jusqu'en 1939, année où l'indice synthétique de fécondité (le nombre moyen d'enfants par femme) a atteint 3,2 (graphique 1C). La remontée de l'indice à 3,9 en 1946 et son maintien au même niveau pendant près de 15 ans, phénomène surnommé le *baby boom,* a été en quelque sorte une surprise démographique. Bien que ce phénomène ait duré relativement longtemps, le retour de la tendance séculaire à la baisse de la fécondité en 1960 a causé un certain émoi, d'autant plus que la chute de l'indice a été rapide jusqu'en 1971. La baisse de la fécondité a été plus lente au cours des 15 années suivantes ; notons que le niveau le plus faible atteint par l'indice synthétique de fécondité a été de 1,35 en 1987. De 1988 à 1990, il s'est élevé jusqu'à 1,63 et a augmenté légèrement depuis 2 ans (1,65 en 1992). Le taux de fécondité du Québec se rapproche ainsi du taux canadien, dont il s'était éloigné depuis plusieurs années.

Le seuil de remplacement d'une génération étant de 2,1 enfants par femme, la fécondité des Québécoises est donc sous ce seuil depuis 1970. Comme on le constate au tableau 1.15, plusieurs autres pays connaissent aussi cette situation, notamment l'Italie et l'Espagne. Ces pays affichent, en 1991, les taux de fécondité les plus faibles malgré des comportements très conservateurs en matière de mariage et de divorce.

La proportion de femmes qui auront un enfant durant leur vie féconde est passée de 94 %, en 1961, à 77 % en 1992 (tableau 1.16). La baisse est plus importante pour les deuxièmes enfants et encore plus pour les troisièmes ; en effet, alors que 8 femmes sur 10 donnaient naissance à un deuxième enfant en 1961, le ratio est de 6 sur 10 en 1992 ; pour le troisième, il est passé de 6 sur 10 à 2 sur 10. Ces changements se sont accompagnés d'une élévation de l'âge moyen des mères, particulièrement au premier enfant.

Graphique 1C
**Évolution de l'indice synthétique de fécondité, Québec, 1926-1991**

Indice synthétique
de fécondité

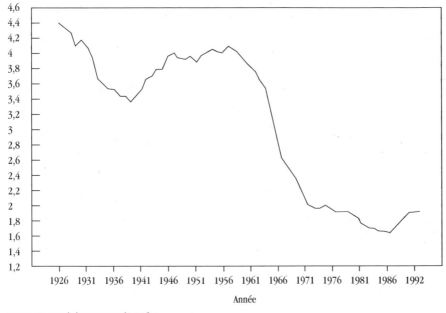

Source : Bureau de la statistique du Québec.

Tableau 1.15
**Indice synthétique de fécondité dans quelques États**

| État | Année | Indice | État | Année | Indice |
|------|-------|--------|------|-------|--------|
| Italie | 1991 | 1,26 | Russie | 1991 | 1,74 |
| Espagne | 1991 | 1,28 | France | 1991 | 1,77 |
| Allemagne | 1991 | 1,35 | Ontario | 1990 | 1,83 |
| Portugal | 1991 | 1,42 | Canada | 1990 | 1,86 |
| Japon | 1989 | 1,57 | USA | 1990 | 2,09 |
| **Québec** | **1992** | **1,65** | Suède | 1991 | 2,11 |

Source : Duchesne, Louise, *La situation démographique au Québec, Édition 1993*, Bureau de la statistique du Québec, *Les Publications du Québec, tableau 5.2.*

Tableau 1.16
**Indice synthétique de fécondité selon le rang de l'enfant, Québec, 1961-1991**

| Année | Rang 1 | Rang 2 | Rang 3 | Rang 4 ou + |
|-------|--------|--------|--------|-------------|
| 1961 | 0,944 | 0,817 | 0,624 | 0,397 |
| 1971 | 0,751 | 0,544 | 0,285 | 0,348 |
| 1981 | 0,707 | 0,567 | 0,218 | 0,076 |
| 1991 | 0,795 | 0,569 | 0,208 | 0,075 |
| 1992 | 0,774 | 0,582 | 0,216 | 0,078 |

Source : Bureau de la statistique du Québec.

### Pour en savoir plus

Duchesne, Louis, *La situation démographique au Québec*, Bureau de la statistique du Québec, Les Publications du Québec, publication annuelle.

Lavoie, Yolande et Louise Motard, *Au cœur des changements démographiques : des femmes font le point*, Conseil du statut de la femme, Québec, 1991, 79 p.

# Démographie : les naissances

Après avoir augmenté entre 1951 et 1961, le nombre de naissances a chuté annuellement jusqu'en 1972 (88 118) (graphique 1D). Il s'est élevé de nouveau pour atteindre 99 893 en 1979, puis a diminué graduellement jusqu'en 1987, année où il a été de 83 600. De 1988 à 1991, le nombre de naissances a progressé de 86 358 à 98 013, pour redescendre à 97 348 en 1992. Même si les femmes ont maintenant en moyenne un peu plus d'enfants que dans les années 80, celles qui sont en âge de procréer sont de moins en moins nombreuses, ce qui devrait entraîner d'autres diminutions du nombre des naissances au cours des prochaines années.

Les naissances hors mariage représentent 43,4 % de toutes les naissances en 1992, alors que cette proportion était de 27,2 % en 1986 et de 15,6 % en 1981 (tableau 1.17). Ce phénomène n'est pas unique au Québec, la proportion de naissances hors mariage atteignant, par exemple, 46 % au Danemark et 30 % en France. La progression des naissances hors mariage est la conséquence de la montée de l'union libre ; en effet, comme le montre le tableau 1.17, les enfants nés hors mariage de père inconnu ne représentent qu'environ 5 % des naissances depuis 15 ans. À ce sujet, notons que ce sont surtout les mères de 15 à 19 ans qui donnent naissance à des enfants de père inconnu : c'est le cas de 28 % d'entre elles.

Plus de la moitié des premiers-nés de 1992 sont issus de parents non mariés, comparativement à 37,3 % en 1986 (tableau 1.18), ce qui représente une augmentation de 45 %. La progression a été plus importante pour les enfants de rang 2 (92 %), de rang 3 (99 %) et de rang 4 ou plus (68 %). Par ailleurs, tandis qu'en 1986, la proportion de deuxièmes enfants issus de parents non mariés chutait de moitié par rapport à celle des enfants de rang 1 (19,6 % par rapport à 37,3 %), la diminution est de 30 % en 1992. Cette tendance montre qu'il y a quelques années, une première naissance était souvent l'occasion d'un mariage, alors que maintenant, de plus en plus de couples continuent à vivre en union libre après la naissance d'un premier enfant.

Graphique 1D
**Évolution du nombre de naissances, Québec, 1951-1992**

Milliers

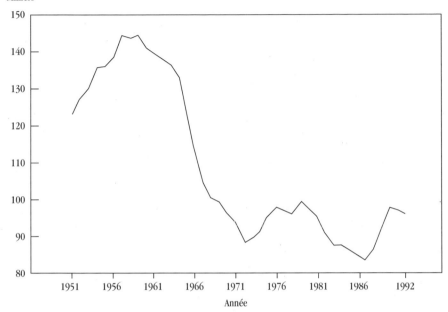

Source : Duchesse, Louis, *La situation démographique au Québec, Édition 1993*, Bureau de la statistique du Québec, Les Publications du Québec, tableau 412.

Tableau 1.17
**Évolution du nombre de naissances selon l'état matrimonial des parents, 1976-1992**

| Année | Parents mariés | | Parents non mariés | | | | Total | |
|---|---|---|---|---|---|---|---|---|
| | | | Père connu | | Père inconnu | | | |
| | N | % | N | % | N | % | N | % |
| 1976 | 88 461 | 90,2 | 4 837 | 4,9 | 4 724 | 4,8 | 98 022 | 100,0 |
| 1981 | 80 431 | 84,4 | 10 360 | 10,9 | 4 456 | 4,7 | 95 247 | 100,0 |
| 1986 | 61 600 | 72,8 | 18 510 | 21,9 | 4 469 | 5,3 | 84 579 | 100,0 |
| 1991 | 57 638 | 59,2 | 35 503 | 36,5 | 4 207 | 4,3 | 97 348 | 100,0 |
| 1992 | 54 350 | 56,6 | 37 442 | 39,0 | 4 262 | 4,4 | 96 054 | 100,0 |

Source : *Ibid*.

Tableau 1.18
**Proportion des naissances hors mariage selon le rang de naissance, Québec, 1986-1992**

| Année | Rang 1 % | Rang 2 % | Rang 3 % | Rang 4 ou + % | Total |
|-------|----------|----------|----------|---------------|-------|
| 1986 | 37,3 | 19,6 | 15,3 | 15,4 | 27,2 |
| 1989 | 45,9 | 29,0 | 21,6 | 19,2 | 35,6 |
| 1991 | 51,1 | 34,9 | 26,7 | 22,8 | 40,8 |
| 1992 | 54,1 | 37,6 | 30,4 | 25,9 | 43,4 |

Source : *Ibid.*, tableau 5.4.

## Pour en savoir plus

Dumas, J., *Rapport sur l'état de la population du Canada,* Statistique Canada, catalogue 91-209F, publication annuelle.

# Démographie :
# la situation familiale

En 1991, 97,2 % des Québécoises de 15 ans ou plus (2 763 025) vivent dans un ménage privé et 2,8 % (74 960), dans un ménage collectif, tel un hôpital ou un centre d'accueil.

En 1991, sur 100 femmes vivant dans un ménage privé, 58,4 sont des conjointes, 20,6 sont des femmes hors famille de recensement (voir définition, p. suivante), 13, des femmes jamais mariées vivant avec leurs parents et 8, des mères seules (tableau 1.19). Lorsqu'on compare cette situation à celle qui existait en 1981, on constate que les femmes hors famille et les mères seules ont vu leur proportion augmenter au détriment des femmes vivant avec leurs parents. Notons que l'augmentation de la proportion des femmes hors famille provient en grande partie d'un accroissement des femmes seules : celles-ci sont passées de 247 815 en 1981 à 369 135 en 1991.

L'examen du taux de féminité selon la situation familiale présentée dans le même tableau montre que les mères seules forment 81,9 % des parents seuls et que les femmes vivant seules constituent également la majorité des personnes vivant seules (56,8 %). On observe par ailleurs qu'il y a moins de femmes jamais mariées qui vivent avec leurs parents que d'hommes, puisqu'elles ne regroupent que 42,7 % des célibataires de 15 ans ou plus vivant avec leurs parents.

Le tableau 1.20 montre la répartition des personnes seules selon le groupe d'âge. Par rapport aux hommes, les femmes sont surreprésentées parmi les personnes seules de 45 ans ou plus, mais elles sont sous-représentées parmi celles de 20 à 44 ans, et ce, bien que leur nombre dans ces groupes d'âge se soit accru au cours des dernières années.

L'examen de la répartition des conjointes selon la présence d'enfants et la situation familiale (tableau 1.21) permet de voir que la proportion de femmes avec enfants est moins importante en 1991 qu'en 1981 : alors que 2 conjointes sur 3 avaient des enfants en 1981, 3 sur 5 en ont en 1991. Comme en 1981, la majorité des femmes avec enfants sont mariées ; cependant, les mères en union libre ont vu leur proportion augmenter, représentant 13,8 % des conjointes avec enfants, comparativement à 3,7 % en 1981. La proportion de femmes en union libre augmente aussi parmi les conjointes sans enfants (26,9 % comparativement à 17,4 %).

## Définition

L'expression « hors famille de recensement » désigne les personne qui vivent dans des ménages privés, formés de personnes qui ne sont pas des conjoints, ni des parents ou des enfants ; il peut s'agir de personnes apparentées entre elles à d'autres degrés ou étrangères au sens familial du terme.

Tableau 1.19

**Répartition des femmes de 15 ans ou plus dans les ménages privés selon la situation familiale, Québec, 1981 et 1991**

| Situation familiale | 1981 | | 1991 | | |
|---|---|---|---|---|---|
| | N | % | N | % | Taux de féminité |
| Conjointes | 1 463 110 | 58,2 | 1 614 350 | 58,4 | 50,0 |
| Mères seules | 173 320 | 6,9 | 220 120 | 8,0 | 81,9 |
| Filles jamais mariées vivant avec parent(s) | 438 830 | 17,5 | 360 120 | 13,0 | 42,7 |
| Femmes hors famille | 438 120 | 17,4 | 568 435 | 20,6 | 49,4 |
| vivant seules | 247 815 | | 369 135 | | 56,8 |
| vivant avec d'autres | 190 305 | | 199 300 | | 48,9 |
| **Total** | **2 513 380** | **100,0** | **2 763 025** | **100,0** | **51,4** |

Sources : Messier, Suzanne, *Les femmes ça compte*, Conseil du statut de la femme, Les Publications du Québec, Québec, 1984, p. 33.

Statistique Canada, *Familles : Nombre, genre et structure*, catalogue 93-312, tableaux 3 et 8.

Tableau 1.20

**Répartition des personnes vivant seules selon le groupe d'âge, par sexe, et taux de féminité, Québec, 1991**

| Groupe d'âge | Femmes | | Hommes | | Taux de féminité |
|---|---|---|---|---|---|
| | N | % | N | % | |
| 15-24 | 18 345 | 5,0 | 20 725 | 7,4 | 47,0 |
| 25-34 | 51 270 | 13,9 | 78 825 | 28,0 | 39,4 |
| 35-44 | 44 840 | 12,1 | 62 745 | 22,3 | 41,7 |
| 45-54 | 45 005 | 12,2 | 41 140 | 14,6 | 52,2 |
| 55-64 | 60 635 | 16,4 | 34 985 | 12,4 | 63,4 |
| 65-74 | 81 750 | 22,1 | 26 360 | 9,4 | 75,6 |
| 75 ou + | 67 290 | 18,2 | 16 440 | 5,8 | 80,4 |
| **Total** | **369 135** | **100,0** | **281 220** | **100,0** | **56,8** |

Source : Statistique Canada, *op. cit.*, tableau 8.

Tableau 1.21
**Répartition des conjointes selon la présence d'enfants et l'état matrimonial de fait, Québec, 1981 et 1991**

| Conjointes | 1981 | | 1991 | |
|---|---|---|---|---|
| | **N** | **%** | **N** | **%** |
| Avec enfants | 974 795 | 66,6 | 972 290 | 60,2 |
| mariées | 939 105 | 96,3 | 838 375 | 86,2 |
| en union libre | 35 690 | 3,7 | 133 915 | 13,8 |
| Sans enfants | 488 315 | 33,4 | 642 060 | 39,8 |
| mariées | 403 115 | 82,6 | 469 070 | 73,1 |
| en union libre | 85 200 | 17,4 | 172 990 | 26,9 |
| **Total** | **1 463 110** | **100,0** | **1 614 350** | **100,0** |

Sources : Statistique Canada, *op. cit.*, tableaux 3 et 8 et, pour 1981, *Familles : Partie 1*, Catalogue 93-106, tableau 3.

# Démographie :
## les femmes avec enfants

La répartition des mères selon le nombre d'enfants varie selon qu'elles ont un conjoint légal ou non (tableau 1.22). En effet, on constate que les mères seules et les conjointes de fait se répartissent de façon assez semblable selon le nombre d'enfants, les premières étant toutefois proportionnellement plus nombreuses à n'avoir qu'un enfant (61,7 % comparativement à 57 %). De leur côté, même si une proportion non négligeable de conjointes légales ont un seul enfant (36,7 %), la majorité d'entre elles ont deux enfants ou plus (63,3 %). Notons enfin que la répartition des pères seuls selon le nombre d'enfants est sensiblement la même que celle des mères seules.

Toute ressemblance entre les mères seules et les conjointes de fait disparaît toutefois lorsque l'on compare leur répartition selon l'âge des enfants. En effet, alors que 89,7 % des conjointes de fait n'ont que des enfants de 17 ans ou moins, cette proportion est nettement plus faible pour les mères seules (56 %) (tableau 1.23) ; les conjointes légales se situent pour leur part entre les deux groupes précédents, 64,3 % d'entre elles n'ayant que des enfants de 17 ans ou moins. On observe par ailleurs que les conjointes légales forment le groupe avec la plus forte proportion de mères qui ont à la fois des enfants de 17 ans ou moins et de 18 ans ou plus (11,7 %). Enfin, on remarque que la proportion de pères seuls dont tous les enfants ont 17 ans ou moins est moins élevée que celle des mères seules (50,1 % comparativement à 56 %).

L'examen de la répartition des parents dont tous les enfants ont 17 ans ou moins suivant le groupe d'âge de ceux-ci montre également des différences importantes selon le type de parents (tableau 1.24). Ainsi, on constate que les conjointes de fait ont les enfants les plus jeunes, suivies des conjointes légales, des mères seules et, enfin, des pères seuls : alors que 2 conjointes de fait sur 3 ont au moins un enfant d'âge préscolaire, cette proportion passe à 47 % pour les conjointes légales, à 35,9 % pour les mères seules et à 22,5 % pour les pères seuls. Par ailleurs, si on retrouve une proportion assez semblable de mères seules et de pères seuls avec au moins un enfant de 6 à 14 ans (52,1 % et 57 %), le pourcentage de pères seuls dont tous les enfants ont de 15 à 17 ans est plus élevé que celui des mères seules (20,5 % comparativement à 12 %).

Tableau 1.22
**Répartition des parents seuls et des mères avec conjoint selon le nombre d'enfants, Québec, 1991**

| Nombre d'enfants | Mères seules | Pères seuls | Mères avec conjoint | |
|---|---|---|---|---|
| | | | légal | de fait |
| | % | % | % | % |
| 1 | 61,7 | 64,0 | 36,7 | 57,0 |
| 2 | 29,3 | 27,8 | 44,3 | 33,3 |
| 3 | 7,2 | 6,6 | 15,1 | 7,8 |
| 4 ou plus | 1,8 | 1,6 | 3,9 | 1,9 |
| Total | 100,0 | 100,0 | 100,0 | 100,0 |
| **Total N** | **220 120** | **48 760** | **838 375** | **133 915** |

Source : Statistique Canada, *Familles : Nombre, genre et structure*, catalogue 93-312, tableau 3.

Tableau 1.23
**Répartition des parents seuls et des mères avec conjoint selon l'âge des enfants, Québec, 1991**

| Âge des enfants | Mères seules | Pères seuls | Mères avec conjoint | |
|---|---|---|---|---|
| | | | légal | de fait |
| | % | % | % | % |
| Tous de 17 ans ou moins | 56,0 | 50,1 | 64,3 | 89,7 |
| Certains de 17 ans ou moins et certains de 18 ans ou plus | 6,7 | 8,1 | 11,7 | 3,8 |
| Tous de 18 ans ou plus | 37,3 | 41,8 | 24,0 | 6,5 |
| **Total** | **100,0** | **100,0** | **100,0** | **100,0** |

Source : *Ibid.*, tableau 4.

Tableau 1.24
**Répartition des parents seuls et des mères avec conjoint dont tous les enfants ont 17 ans ou moins selon l'âge des enfants, Québec, 1991**

| Âge des enfants | Mères seules | Pères seuls | Mères avec conjoint | |
|---|---|---|---|---|
| | | | légal | de fait |
| | % | % | % | % |
| Au moins 1 enfant de : | | | | |
| 6 ans ou moins | 35,9 | 22,5 | 47,0 | 66,6 |
| 6 à 14 ans | 52,1 | 57,0 | 46,2 | 28,7 |
| Tous de 15 à 17 ans | 12,0 | 20,5 | 6,8 | 4,7 |
| **Total** | **100,0** | **100,0** | **100,0** | **100,0** |

Source : *Ibid.*, tableau 4.

# La santé

De l'espérance de vie à la progression du sida dans la population féminine, en passant par la contraception et les problèmes de santé qui touchent les femmes, le présent chapitre aborde différents aspects de la santé des femmes et de leur relation avec leur corps. Il expose aussi la situation des Québécoises en ce qui a trait à certaines de leurs habitudes de vie qui ont une incidence sur leur santé.

On notera d'abord que les progrès de l'espérance de vie des femmes, tant du point de vue des années gagnées qu'en comparaison avec les hommes, sont atténués par le fait que ces années supplémentaires sont trop souvent marquées par des incapacités.

Puis, les lectrices et les lecteurs y trouveront des données sur les moyens de contraception utilisés et, en particulier, sur la stérilisation volontaire, chez les femmes comme chez les hommes. Ils pourront aussi avoir un aperçu de la situation au Québec et dans d'autres pays en ce qui concerne l'avortement.

La médicalisation des événements naturels de la vie des femmes et leur longévité contribuent à établir des différences avec les hommes sur le plan du recours aux services médicaux et de la consommation de médicaments.

Enfin, les maladies transmises sexuellement et le sida font l'objet de quelques tableaux exposant la situation québécoise.

# Santé :
# l'espérance de vie

L'espérance de vie à la naissance des Québécoises a connu une hausse appréciable au cours des dernières décennies ; alors que les femmes nées en 1951 pouvaient espérer vivre en moyenne 68,6 ans, l'espérance de vie à la naissance de celles nées en 1991 est de 80,65 ans, soit 12,05 années de plus (tableau 2.1). L'accroissement de l'espérance de vie à la naissance a été plus important chez les femmes que chez les hommes : l'écart entre la durée de vie moyenne de chaque groupe est passé de 4,2 ans en 1951 à 7 ans en 1991. Depuis 1985 toutefois, on remarque une légère diminution de l'écart entre les sexes, qui serait attribuable aux années gagnées par les hommes avant 65 ans.

Le Québec présente l'une des meilleures espérances de vie à la naissance parmi les pays occidentaux (tableau 2.2). Tout comme eux, il continue à voir augmenter la longévité de ses habitants, bien que le rythme de cette augmentation ait commencé à ralentir.

La prolongation de la durée de vie moyenne observée au cours des dernières décennies s'est cependant accompagnée d'une hausse des maladies chroniques et des problèmes d'incapacité. En effet, selon les spécialistes, les années gagnées sont marquées en bonne partie par des restrictions permanentes d'activité. L'examen des dernières estimations de l'espérance de vie sans incapacité montre qu'en 1987, les femmes pouvaient espérer vivre 68,7 ans en bonne santé et 10,9 ans avec des restrictions d'activité permanentes ou temporaires (tableau 2.3). Les hommes peuvent s'attendre à 64 années en bonne santé et 8,2 années avec des restrictions d'activité. L'avantage pour les femmes de vivre plus longtemps que les hommes est donc atténuée par le fait que les années en surplus ne sont pas toujours des belles années.

*Définitions :*

L'espérance de vie est un indicateur qui permet d'évaluer, pour une génération donnée, le nombre moyen d'années que les personnes peuvent espérer vivre. Il peut être calculé à la naissance ou à compter de différents âges. L'espérance de vie sans incapacité est le nombre moyen d'années qu'une personne peut espérer vivre sans incapacité, transitoire ou permanente, et hors de toute institution.

Tableau 2.1
**Espérance de vie à la naissance selon le sexe, Québec, 1951-1991**

| Année | Femmes | Hommes | Écart F/H |
|-------|--------|--------|-----------|
|       |        | Année  |           |
| 1951  | 68,60  | 64,40  | 4,20      |
| 1961  | 72,80  | 67,30  | 5,50      |
| 1971  | 75,20  | 68,22  | 6,98      |
| 1981  | 78,70  | 70,99  | 7,71      |
| 1991  | 80,65  | 73,59  | 7,06      |

Source : Bureau de la statistique du Québec.

Tableau 2.2
**Espérance de vie à la naissance dans quelques États**

| État | Année | Femmes | Hommes |
|------|-------|--------|--------|
| Japon | 1990 | 81,8 | 75,9 |
| France | 1990 | 81,0 | 72,8 |
| Canada | 1990 | 80,6 | 74,0 |
| **Québec** | **1991** | **80,6** | **73,6** |
| Ontario | 1990 | 80,6 | 74,4 |
| Islande | 1990 | 80,3 | 75,7 |
| États-Unis | 1990 | 78,8 | 72,0 |

Source : Duchesne, Louis, *La situation démographique du Québec, Édition 1993*, Québec, Bureau de la statistique du Québec, Les Publications du Québec, 1993, tableau 4.2.

Tableau 2.3
**Espérance de vie en rapport avec l'état de santé, selon le sexe, Québec, 1987**

| Espérance de vie | Femmes | Hommes |
|------------------|--------|--------|
|                  | Année  |        |
| En établissement de santé | 1,8 | 0,9 |
| Avec incapacité à long terme | 7,2 | 6,0 |
| Avec incapacité à court terme | 1,9 | 1,3 |
| Sans incapacité | 68,7 | 64,0 |
| **Espérance de vie totale** | **79,6** | **72,2** |

Source : Ministère de la Santé et des Services sociaux, *Et la santé, ça va ?, Rapport de l'enquête Santé Québec, 1987*, tome 1, tableau 93.

### *Pour en savoir plus*

Guyon, Louise, *Quand les femmes parlent de leur santé*, Les Publications du Québec, Collection Réalités féminines, Québec, 1990, 183 p.

Asselin, Suzanne et autres, *Portrait social du Québec*, Bureau de la statistique du Québec, Les Publications du Québec, 1992, 353 p.

# Santé :
# les causes de décès

En 1991, on compte 619,2 décès pour 100 000 femmes (tableau 2.4). La mortalité féminine est au minimum dans le groupe d'âge 1-14 ans et progresse ensuite avec l'âge pour atteindre 6 673,4 à 75 ans ou plus. Dans chaque groupe d'âge, le taux de mortalité des femmes est moins élevé que celui des hommes.

Même si en moyenne les femmes décèdent à un âge plus avancé que les hommes, ce sont les mêmes grandes maladies qui causent leur décès, soit les maladies de l'appareil circulatoire et le cancer (tableau 2.5) : 40 % des femmes meurent d'une maladie de l'appareil circulatoire et 29,4 % d'un cancer, comparativement à 35,3 % et 31 % pour les hommes. La proportion d'hommes qui meurent d'un traumatisme ou d'un empoisonnement est deux fois plus élevée que pour les femmes (9,2 % comparativement à 4,3 %).

Les principales causes de décès diffèrent selon le groupe d'âge (tableau 2.6) ; ainsi, les décès chez les filles de 15 à 24 ans sont principalement dus à des empoisonnements ou à des traumatismes (61,8 %), notamment à des accidents de véhicules à moteur (37,5 %) ; on retrouve aussi une proportion élevée de suicides dans ce groupe d'âge (10,5 %), mais elle est moins importante que chez les garçons (34,5 %). La principale cause de décès des femmes de 25 à 44 ans est le cancer, dans 43,2 % des cas, comparativement à 15,3 % pour les hommes du même groupe d'âge. Si les tumeurs restent la principale cause de décès des femmes de 45 à 64 ans (56,2 %), les cancers de la trachée, des bronches et des poumons touchent la même proportion de femmes que le cancer du sein (13 %). Entre 65 et 74 ans, les maladies de l'appareil circulatoire emportent autant de femmes que les tumeurs. À compter de 75 ans, les principales causes de décès des femmes deviennent les maladies de l'appareil circulatoire, pour la moitié d'entre elles.

La fréquence du cancer du sein, le plus répandu chez les femmes, a légèrement baissé depuis 1972. Par contre, celle du cancer des poumons a connu une nette ascension pendant la même période. En raison de l'augmentation du tabagisme chez les femmes au cours des dernières décennies, cette tendance devrait se poursuivre pour encore plusieurs années.

Tableau 2.4
**Taux de mortalité selon le sexe et le groupe d'âge, Québec, 1991**

| Groupe d'âge | Femmes<br>pour 100 000 | Hommes<br>pour 100 000 |
|---|---|---|
| 1-14 | 17,4 | 27,8 |
| 15-24 | 32,3 | 112,1 |
| 25-44 | 79,2 | 159,2 |
| 45-64 | 448,0 | 865,2 |
| 65-74 | 1 731,5 | 3 468,5 |
| 75 ou + | 6 673,4 | 9 875,4 |
| **Tous âges** | **619,2** | **766,7** |

Source : Duchesne, Louis, *La situation démographique au Québec, Édition 1993*, Québec, Bureau de la statistique du Québec, Les Publications du Québec, 1993, tableau 310.

Tableau 2.5
**Répartition des décès selon les principaux regroupements de causes, par sexe, Québec, 1991**

| Causes de décès | Femmes<br>% | Hommes<br>% |
|---|---|---|
| Appareil circulatoire | 40,0 | 35,3 |
| Tumeurs | 29,4 | 31,0 |
| Appareil respiratoire | 7,2 | 8,8 |
| Appareil digestif | 3,8 | 3,4 |
| Traumatismes et empoisonnements | 4,3 | 9,2 |
| Autres | 15,3 | 12,3 |
| **Total** | **100,0** | **100,0** |

Source : *Ibid*.

Tableau 2.6
**Répartition des décès des femmes selon les principaux regroupements de causes, par groupe d'âge, Québec, 1991**

| Causes de décès | 15-24 % | 25-44 % | 45-64 % | 65-74 % | 75 ou + % |
|---|---|---|---|---|---|
| Appareil circulatoire | 7,9 | 10,2 | 22,1 | 38,1 | 49,0 |
|    Maladies du cœur | 2,0 | 3,5 | 12,5 | 22,9 | 25,8 |
|    Maladies vasculaires cérébrales | 2,6 | 3,6 | 4,1 | 6,3 | 10,0 |
| Tumeurs | 9,2 | 43,2 | 56,2 | 37,8 | 19,2 |
|    Trachées, bronches, poumon | – | 6,8 | 13,5 | 8,4 | 2,3 |
|    Sein | – | 14,2 | 13,4 | 6,2 | 3,0 |
| Appareil respiratoire | 2,6 | 2,7 | 4,4 | 6,4 | 8,8 |
| Appareil digestif | 2,0 | 1,9 | 3,2 | 4,1 | 4,1 |
| Traumatismes et empoisonnements | 61,8 | 28,0 | 5,0 | 2,1 | 2,2 |
|    Accidents de véhicules à moteur | 37,5 | 10,3 | 1,4 | 0,7 | 0,2 |
|    Suicides | 10,5 | 11,4 | 1,8 | 0,2 | – |
| Autres | 16,5 | 14,0 | 9,1 | 11,5 | 16,7 |
| **Total** | **100,0** | **100,0** | **100,0** | **100,0** | **100,0** |

Source : *Ibid.*

## *Pour en savoir plus*

Duchesne, Louis, *La situation démographique au Québec*, Bureau de la statistique du Québec, Les Publications du Québec, publication annuelle.

Guyon, Louise, *Quand les femmes parlent de leur santé*, Les Publications du Québec, Collection Réalités féminines, Québec, 1990, 183 p.

# Santé :
# les problèmes de santé

Certaines maladies ou problèmes de santé aigus ou chroniques affectent les personnes au cours de leur vie. Selon l'*Enquête Santé Québec*, 6 femmes sur 10 ont déclaré au moins un problème de santé comparativement à 5 hommes sur 10 (tableau 2.7). Si les problèmes de santé augmentent avec l'âge pour les deux sexes, on constate que la proportion de femmes qui ont au moins un problème de santé est plus élevée que celle des hommes dans tous les groupes d'âge, les 14 ans ou moins exclus. Également, les femmes en déclarent plus que les hommes ; par exemple, les 45 à 64 ans disent souffrir en moyenne de 1,81 problème de santé et les hommes, de 1,18.

Les femmes signalent aussi plus de problèmes dans la majorité des catégories d'affections (tableau 2.8). Parmi les problèmes à fréquence élevée où les femmes sont surreprésentées de façon importante, mentionnons l'arthrite et le rhumatisme (13,5 % comparativement à 7,5 % pour les hommes), les troubles mentaux (11,2 % et 6,2 %) et les maux de tête (11,5 % et 5 %). Trois types de problèmes, à plus faible fréquence, sont signalés beaucoup plus souvent par les femmes que par les hommes : les troubles de la thyroïde, l'anémie et les symptômes de malaise et de fatigue. Notons enfin que, jusqu'à l'âge de 45 ans, les femmes souffrent surtout d'affections aiguës ou de courte durée, particulièrement de problèmes respiratoires et cutanés, de traumatismes et de maux de tête. À partir de 45 ans, les problèmes chroniques deviennent prédominants et, à 65 ans, la moitié des personnes touchées par des problèmes de santé ont des affections ostéo-articulaires, des maladies cardiovasculaires ou des troubles mentaux.

Par ailleurs, l'*Enquête Santé Québec* montre que les femmes sont plus nombreuses que les hommes à souffrir de problèmes psychologiques graves et d'une détresse psychologique élevée (tableau 2.9).

Divers facteurs expliquent que les femmes déclarent davantage de problèmes de santé physique et psychologique ; notons leur plus grande sensibilisation à leur corps, le fait qu'elles manifestent plus facilement que les hommes leurs problèmes d'ordre psychologique et qu'elles soient surreprésentées dans les groupes désavantagés sur le plan de la santé (les personnes pauvres, seules, âgées et les chefs de familles monoparentales).

Tableau 2.7
**Proportion des personnes déclarant avoir au moins un problème de santé
selon le groupe d'âge et le sexe et nombre moyen de problèmes déclarés, Québec, 1987**

| Groupe d'âge | Femmes | | Hommes | |
|---|---|---|---|---|
| | % | N moyen | % | N moyen |
| 0-14 | 37,8 | 0,54 | 41,5 | 0,58 |
| 15-24 | 52,2 | 0,97 | 40,5 | 0,64 |
| 25-44 | 60,8 | 1,28 | 47,4 | 0,83 |
| 45-64 | 71,2 | 1,81 | 57,9 | 1,18 |
| 65 ou plus | 82,6 | 2,54 | 76,7 | 2,01 |
| **Total** | **59,4** | **1,33** | **49,4** | **0,91** |

Source : Ministère de la Santé et des Services sociaux, *Et la santé ça va ? Rapport de l'enquête Santé Québec 1987*, tome 1, tableaux 47, 48, 49, 50 et 51.

Tableau 2.8
**Les principaux problèmes de santé déclarés selon le sexe, Québec, 1987**

| Problèmes de santé | Femmes % | Hommes % | Écart % |
|---|---|---|---|
| Arthrite et rhumatisme | 13,5 | 7,5 | 6,0 |
| Maux de tête | 11,5 | 5,0 | 6,5 |
| Troubles mentaux | 11,2 | 6,2 | 5,0 |
| Allergies et affections cutanées | 8,9 | 6,4 | 2,5 |
| Hypertension | 7,8 | 4,7 | 3,1 |
| Maux de dos | 7,5 | 7,0 | 0,5 |
| Allergies | 7,4 | 4,6 | 2,8 |
| Rhume des foins | 6,2 | 6,0 | 0,2 |
| Troubles digestifs fonctionnels | 5,2 | 2,8 | 2,4 |
| Traumatismes | 4,3 | 6,3 | −2,0 |
| Maladies cardiaques | 4,3 | 4,0 | 0,3 |

Source : *Ibid.*, tableau 46.

Tableau 2.9
**Estimation du nombre de personnes souffrant de problèmes psychologiques graves
et de détresse psychologique élevée selon le sexe, Québec, 1987**

| | Femmes | | Hommes | |
|---|---|---|---|---|
| | N | % | N | % |
| Problèmes psychologiques graves | 194 275 | 7,3 | 106 629 | 4,4 |
| dont la dépression sérieuse | 54 007 | 2,0 | 29 362 | 1,2 |
| Détresse psychologique élevée | 654 903 | 26,0 | 391 221 | 16,0 |

Source : *Ibid.*, tableau 63.

*Pour en savoir plus*

Ministère de la Santé et des Services sociaux, *Et la santé, Ça va ? Tomes 1 et 2*, Les Publications du Québec, Québec, 1988.

# Santé :
# quelques habitudes de vie

Même si les modes de vie des femmes se rapprochent de ceux des hommes, elles continuent à consommer moins d'alcool qu'eux : 5 sur 10 sont des buveuses régulières, comparativement à 7 hommes sur 10 ; 8,8 % des femmes boivent 7 consommations ou plus par semaine, comparativement à 27,6 % des hommes. Les femmes qui boivent régulièrement sont proportionnellement plus nombreuses dans les groupes des 15-24 ans et des 25-44 ans (57 %). Enfin, notons que l'alcoolisme atteint sa plus forte prévalence entre 15 et 24 ans, le nombre de jeunes femmes aux prises avec ce problème ayant été estimé à 26 000 en 1987.

Après avoir augmenté de façon importante dans les années 40, notamment chez les femmes, la proportion de fumeurs réguliers au Québec a baissé de 1978 à 1987, surtout chez les hommes. Ainsi, bien que le pourcentage de femmes fumant tous les jours demeure moins élevée que celui des hommes (31,6 % comparativement à 35,2 %), la différence entre les sexes s'amenuise constamment. On retrouve même une proportion plus élevée de femmes que d'hommes chez les fumeurs réguliers de 15 à 24 ans (34,3 % comparativement à 28,3 %). Notons toutefois que le pourcentage de gros fumeurs (plus d'un paquet par jour) augmente de façon régulière autant chez les femmes que chez les hommes.

Plus de la moitié des Québécoises ont un poids normal, compte tenu de leur taille et de leur âge ; 35,6 % dépassent le poids normal et 9,1 % ont un poids insuffisant. Les femmes souffrent davantage d'obésité que les hommes (10,5 % comparativement à 7 %) ; toutefois, l'excès de poids se retrouve plus souvent chez les hommes. C'est dans le groupe d'âge des 55 à 64 ans que les femmes souffrent le plus d'obésité (22,2 %) et d'excès de poids (36,3 %). Rappelons que l'obésité est associée à de graves maladies dont les maladies coronariennes et le diabète. À peine 14 % des femmes sont satisfaites de leur poids et au moins 3 sur 4 souhaitent en perdre, même lorsqu'elles ont un poids insuffisant (11,5 %) ou normal (68 %).

Tableau 2.10
**Quelques habitudes de vie, Québec, 1987**

| Habitudes de vie | Femmes % | Hommes % |
|---|---|---|
| Consommation d'alcool | | |
| Jamais bu | 20,3 | 8,9 |
| Pas depuis un an | 4,9 | 6,2 |
| Moins d'une fois par mois | 25,1 | 13,8 |
| Au moins une fois par mois | 49,7 | 71,1 |
| Total | 100,0 | 100,0 |
| Consommation d'alcool par semaine | | |
| Aucune | 49,7 | 32,3 |
| 1 à 6 | 41,5 | 40,1 |
| 7 à 13 | 6,3 | 14,7 |
| 14 ou plus | 2,5 | 12,9 |
| Total | 100,0 | 100,0 |
| % consommant quotidiennement de l'alcool | 2,0 | 7,0 |
| % de buveurs réguliers par groupe d'âge | | |
| 15-24 ans | 57,1 | 66,6 |
| 25-44 | 56,7 | 78,0 |
| 45-64 | 44,6 | 70,2 |
| 65 ou plus | 25,0 | 52,0 |
| Consommation de cigarettes | | |
| N'a jamais fumé | 38,2 | 27,1 |
| Anciens fumeurs | 24,7 | 33,2 |
| Fumeurs occasionnels | 5,5 | 4,5 |
| Fumeurs réguliers | 31,6 | 35,2 |
| Total | 100,0 | 100,0 |
| % fumeurs réguliers par groupe d'âge | | |
| 15 à 24 ans | 34,3 | 28,3 |
| 25 à 44 | 37,4 | 40,4 |
| 45 à 64 | 28,3 | 36,2 |
| 65 ou plus | 15,6 | 25,3 |
| % fumant plus d'un paquet par jour | | |
| 1978 | 6,9 | 11,9 |
| 1987 | 12,8 | 19,9 |

Tableau 2.10 (suite)
**Quelques habitudes de vie, Québec, 1987**

| Habitudes de vie | Femmes % | Hommes % |
|---|---|---|
| **Catégorie de poids** | | |
| Poids insuffisant | 9,1 | 9,4 |
| Poids normal | 55,3 | 53,8 |
| Excès de poids | 25,1 | 29,8 |
| Obésité | 10,5 | 7,0 |
| Total | 100,0 | 100,0 |
| **Désir de maigrir** | | |
| Lorsque le poids est insuffisant | 11,5 | 2,8 |
| Lorsque le poids est normal | 68,0 | 34,9 |
| **Indice de saines habitudes de vie** | | |
| Bonnes habitudes de vie | 56,1 | 49,5 |
| Habitudes moyennes | 30,8 | 32,0 |
| Mauvaises habitudes | 13,1 | 18,5 |
| Total | 100,0 | 100,0 |

Source : Ministère de la Santé et des Services sociaux, *Et la santé, ça va ? Rapport de l'enquête Santé Québec 1987*, tome 1, tableaux 1, 2 et 11.

## Pour en savoir plus

Ministère de la Santé et des Services sociaux, *Et la santé, ça va ? tomes 1 et 2*, Les Publications du Québec, Québec, 1988.

Guyon, Louise, *Quand les femmes parlent de leur santé*, Les Publications du Québec, Collection Réalités féminines, Québec, 1990, 183 p.

# Santé :
# la contraception

La prise de contraceptifs oraux par les Québécoises se maintient ; depuis 1978, environ 20 % d'entre elles les utilisent. En 1987, c'étaient les jeunes femmes de 20 à 25 ans qui recouraient le plus à cette méthode (40 %).

À chaque année, un nombre important de femmes se font mettre un stérilet. En 1992, ce nombre s'élève à 8 364.

La stérilisation est un moyen de contraception choisi par plusieurs personnes. Après s'être multiplié par 5 entre 1971 et 1974 et avoir atteint, en 1978, le nombre record de 32 368, le nombre de ligatures a diminué considérablement depuis, et s'élève à 13 771 en 1992 (tableau 2.11). L'augmentation du nombre de vasectomies a été plus tardive et moins prononcée. Cependant, depuis 1988, le nombre de vasectomies dépasse celui des ligatures : il est de 20 678 en 1992.

En 1992, les personnes qui recourent le plus à la stérilisation sont les hommes de 30-34 ans (22,9 pour 1 000), suivis de ceux de 35-39 ans (19,7 pour 1 000) et des femmes de 30-34 ans (14,6) (tableau 2.11). Viennent ensuite les femmes de 35-39 (12,3) et de 25-29 ans (9,7). Si les taux de stérilisation masculins dépassent maintenant les taux féminins, notons que presque deux fois plus de femmes que d'hommes ont subi une stérilisation volontaire depuis 1971.

En 1990, on estime à 7 % la proportion de femmes qui ont subi une stérilisation volontaire avant l'âge de 30 ans, comparativement à 5 % pour les hommes (tableau 2.12). À l'âge de 35 ans, les proportions sont non négligeables pour les deux sexes, soit 19 % pour les femmes et 17 % pour les hommes. Enfin, à 40 ans, le tiers des femmes et le quart des hommes sont stérilisés. Pour les femmes, les proportions sont inférieures à celles de 1984, alors que pour les hommes, elles sont supérieures. Dans l'ensemble toutefois, il y a une légère diminution de couples d'âge reproductif ayant subi une stérilisation volontaire.

Graphique 2A
**Nombre de ligatures et de vasectomies, Québec, 1976-1991**
Milliers

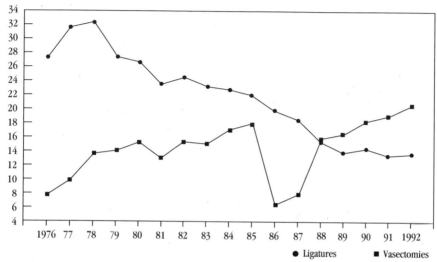

Note : La Régie n'a pas remboursé les frais de vasectomies pendant plusieurs mois de 1986 et de 1987.
Source : Régie de l'assurance-maladie du Québec.

Tableau 2.11
**Nombre et taux de ligatures et de vasectomies, par groupe d'âge, Québec, 1992**

| Groupe d'âge | Ligatures | | Vasectomies | |
|---|---|---|---|---|
| | N | pour 1000 | N | pour 1000 |
| 15-19 | 36 | 0,2 | 18 | 0,1 |
| 20-24 | 639 | 2,6 | 194 | 0,8 |
| 25-29 | 2 908 | 9,7 | 2 874 | 9,2 |
| 30-34 | 4 815 | 14,6 | 7 775 | 22,9 |
| 35-39 | 3 824 | 12,3 | 6 156 | 19,7 |
| 40-44 | 1 338 | 4,8 | 2 424 | 8,6 |
| 45-49 | 196 | 0,8 | 910 | 3,8 |
| 50-59 | 15 | 0,0 | 327 | 0,9 |
| **Total** | **13 771** | **45,0** | **20 678** | **66,0** |

Sources : Régie de l'assurance-maladie et Bureau de la statistique du Québec.

Tableau 2.12
**Proportion de femmes et d'hommes ayant déjà subi une stérilisation volontaire à un âge donné, Québec, 1984 et 1990**

| Certains âges | 1984 | | 1990 | |
|---|---|---|---|---|
| | Ligatures % | Vasectomies % | Ligatures % | Vasectomies % |
| à 30 ans | 7 | 6 | 7 | 5 |
| à 35 ans | 21 | 16 | 19 | 17 |
| à 40 ans | 46 | 13 | 33 | 25 |

Source : Rochon, Madeleine, « Ligatures de trompes et vasectomies au Québec. Évolution récente », *Cahiers québécois de démographie*, Québec, printemps 1991, vol. 20, n° 1, p. 156-166.

### *Pour en savoir plus*

Guyon, Louise, *Quand les femmes parlent de leur santé*, Les Publications du Québec, Collection Réalités féminines, 1990, 183 p.

Duchesne, Louis, *La situation démographique au Québec*, Bureau de la statistique du Québec, Les Publications du Québec, publication annuelle.

# Santé :
# les avortements

L'échec ou encore l'absence de la contraception amènent plusieurs femmes à recourir à l'avortement. En 1992, 24 468 avortements ont été payés par la Régie de l'assurance-maladie du Québec, ce qui représente une augmentation de 19 % par rapport au nombre enregistré en 1988 (tableau 2.13). Mentionnons toutefois que cette donnée sous-estime le nombre réel d'avortements, puisqu'elle exclut ceux faits dans les CLSC, estimés à 1500, et ceux pratiqués dans le cadre de certains actes médicaux, tels le retrait de stérilet ou le curetage.

Les avortements tardifs constituent l'exception : les données canadiennes montrent que 87,8 % des femmes qui ont eu un avortement en 1990 étaient enceintes de moins de 13 semaines, 7,8 %, de 13 à 16 semaines et 2,5 %, de plus de 16 semaines. Le nombre de femmes obtenant un avortement durant le premier trimestre serait croissant, ce qui expliquerait la baisse du taux de complication par suite d'un avortement (de 3,2 pour 100 avortements en 1975 à 1,2 en 1990).

C'est dans le groupe d'âge des 20-24 ans que le plus grand nombre d'avortements ont été effectués (7 057, soit 28,9 % des avortements) (graphique 2B). Vient en deuxième place le groupe des 25-29 ans (5 870), les groupes des 30-34 ans et des 15-19 ans arrivant en troisième place, avec plus de 4 200 avortements chacun. On compte aussi 131 avortements pratiqués sur des jeunes de 10 à 14 ans. Notons que le taux de grossesse précoce a augmenté de 1980 à 1990 (12,7 à 19,2 pour 1 000) et que les deux tiers des adolescentes enceintes se font avorter.

On compte 25,5 interruptions volontaires de grossesse pour 100 naissances en 1992. Comparativement aux taux observés dans plusieurs autres pays, le taux d'avortements au Québec est plutôt modéré (tableau 2.14). Aux États-Unis, il atteint 42 %, en France, 22 % et en Italie, 29 %.

Tableau 2.13
**Nombre d'avortements et rapport pour 100 naissances, Québec, 1988-1992**

| Année | Nombre d'avortements | Rapport pour 100 naissances |
|---|---|---|
| 1988 | 20 600 | 23,9 |
| 1990 | 22 436 | 22,9 |
| 1992 | 24 468 | 25,5 |

Sources : Régie de l'assurance-maladie du Québec et Conseil du statut de la femme.

Graphique 2B
**Répartition des avortements selon le groupe d'âge, Québec, 1992**

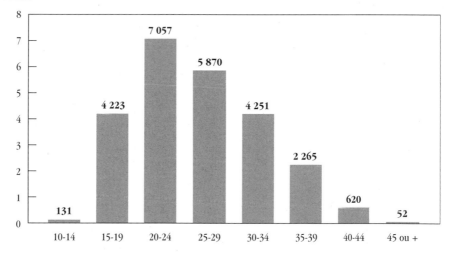

Sources : Régie de l'assurance-maladie du Québec et Conseil du statut de la femme.

Tableau 2.14
**Rapport des avortements pour 100 naissances dans quelques États**

| États | Année | Rapport pour 100 naissances |
|---|---|---|
| États-Unis | 1985 | 42,2 |
| Danemark | 1990 | 32,4 |
| Italie | 1990 | 28,6 |
| **Québec** | **1992** | **25,5** |
| France | 1990 | 22,2 |
| RFA | 1989 | 11,0 |
| Pays-Bas | 1989 | 9,7 |

Sources : Duchesne, Louis, *La situation démographique au Québec, Édition 1993*, Québec, Bureau de la statistique du Québec, Les Publications du Québec, 1993, tableau 5.7 et Conseil du statut de la femme.

## Pour en savoir plus

Conseil du statut de la femme, *L'accessibilité aux services de contraception et d'avortement*, Le Conseil, Québec, 1992, 52 p.

Di Domenico, Mariangela, *Fréquence des avortements pratiqués au Québec en 1992, mise à jour et données comparatives*, Conseil du statut de la femme, 1993, 7 p.

Wadhera, Surinder et autres, « Avortements thérapeutiques, Canada et provinces, 1990 », *Rapports sur la santé*, Statistique Canada, 1992, vol. 4, n°2, p. 210-217.

# Santé :
# le recours aux services médicaux
# et la prise de médicaments

Les femmes recourent davantage que les hommes aux services médicaux. En 1992, 78,2 % d'entre elles ont utilisé au moins un service médical, comparativement à 63,1 % de la population masculine (tableau 2.15). Cette consommation plus importante des femmes s'observe dans tous les groupes d'âge, sauf chez les personnes âgées de 1 à 4 ans et de 75 ans ou plus. Les écarts entre les sexes sont particulièrement appréciables entre 20 et 34 ans : le rapport entre le taux de consommation des femmes et celui des hommes montre que, durant cette période, les femmes utilisent environ 50 % plus de services médicaux. En plus d'être plus nombreuses à recourir aux services médicaux, les femmes en utilisent en moyenne davantage (4,7 comparativement à 3,7 pour les hommes). Cet écart s'observe dans presque tous les groupes d'âge. Résultat : en 1992, 58,1 % des services médicaux ont été dispensés à des femmes et 41,9 % à des hommes. On attribue en partie cette situation au fait que les divers événements naturels de la vie des femmes (la grossesse, l'accouchement, la ménopause) et leur plus grande longévité nécessitent davantage de consultations.

Par ailleurs, les femmes prennent plus de médicaments que les hommes. L'*Enquête Santé Québec* a révélé que plus de la moitié des femmes font usage de médicaments, prescrits ou non, comparativement au tiers des hommes (tableau 2.16) et qu'elles en consomment en moyenne davantage. Les plus grands écarts entre les deux sexes s'observent dans la prise de psychotropes : près de 2 fois plus de femmes que d'hommes se voient prescrire des tranquillisants. Enfin, la consommation augmente avec l'âge. En 1991, 61,4 % des femmes de 60 ans ou plus disposaient d'au moins un médicament prescrit par jour, comparativement à 55 % des hommes ; 1 sur 5 parmi elles disposait d'au moins 5 ordonnances. Cette situation contribuerait au fait que les femmes âgées rencontrent plus souvent que les hommes un ou des problèmes résultant d'une ordonnance non appropriée.

Tableau 2.15
**Taux de consommation des services médicaux et nombre moyen de services par personne selon le groupe d'âge et le sexe, Québec, 1992**

| Groupe d'âge | Taux de consommation | | | Nombre moyen de services | | |
|---|---|---|---|---|---|---|
| | Femmes % | Hommes % | F/H % | Femmes N | Hommes N | F/H % |
| 1-4 | 84,2 | 85,1 | 98,9 | 4,8 | 5,0 | 96,0 |
| 5-9 | 72,5 | 71,4 | 101,5 | 3,4 | 3,4 | 100,0 |
| 10-14 | 65,7 | 61,0 | 107,7 | 3,1 | 2,9 | 106,9 |
| 15-19 | 78,1 | 57,9 | 134,9 | 4,0 | 2,8 | 142,9 |
| 20-24 | 83,2 | 53,9 | 154,4 | 4,7 | 2,8 | 167,9 |
| 25-29 | 82,6 | 52,9 | 156,1 | 5,1 | 2,9 | 175,9 |
| 30-34 | 80,3 | 54,6 | 147,1 | 4,8 | 3,1 | 154,8 |
| 35-39 | 77,0 | 55,9 | 137,7 | 4,4 | 3,2 | 137,5 |
| 40-44 | 77,4 | 58,3 | 132,8 | 4,5 | 3,4 | 132,4 |
| 45-49 | 79,9 | 63,1 | 126,6 | 4,8 | 3,6 | 133,3 |
| 50-54 | 81,8 | 66,1 | 123,8 | 5,1 | 3,9 | 130,8 |
| 55-59 | 81,1 | 70,3 | 115,4 | 5,2 | 4,3 | 120,9 |
| 60-64 | 81,2 | 73,4 | 110,6 | 5,4 | 4,7 | 114,9 |
| 65-69 | 82,7 | 78,5 | 105,4 | 5,9 | 5,3 | 111,3 |
| 70-74 | 81,7 | 80,0 | 102,1 | 6,1 | 5,7 | 107,0 |
| 75-79 | 76,8 | 78,4 | 98,0 | 6,1 | 6,0 | 101,7 |
| 80-84 | 66,5 | 71,3 | 93,3 | 5,8 | 6,0 | 96,7 |
| 85 ou + | 42,6 | 50,5 | 84,4 | 5,0 | 5,3 | 94,3 |
| **Total** | **78,2** | **63,1** | **123,9** | **4,7** | **3,7** | **127,0** |

Source : Régie de l'assurance-maladie du Québec.

Tableau 2.16
**Quelques données sur la prise de médicaments selon le sexe, Québec, 1987**

| Prise de médicaments | Femmes % | Hommes % | F/H % |
|---|---|---|---|
| % des 15 ans ou plus prenant au moins un médicament, 1987 | 55,0 | 34,0 | 161,8 |
| % des 15 ans ou plus prenant des tranquillisants, 1987 | 6,6 | 3,4 | 194,1 |
| % des 60 ans ou plus prenant au moins un médicament prescrit, 1991 | 61,4 | 55,0 | 111,6 |
| % des 60 ans ou plus prenant au moins 5 médicaments prescrits, 1991 | 11,9 | 10,4 | 114,4 |

Sources : Ministère de la Santé et des Services sociaux, *Et la santé, ça va ? Rapport de l'Enquête Santé Québec, 1987*, tome 1, p. 213 et Régie de l'assurance-maladie du Québec.

### Pour en savoir plus

Régie de l'assurance-maladie, *Statistiques annuelles 1992*, La Régie, Québec, 1993, 308 p.

*Rapport du Comité d'analyse de la consommation médicamenteuse des personnes âgées*, rapport présenté à la Régie de l'assurance-maladie du Québec, 1992, 181 p.

Guyon, Louise, *Quand les femmes parlent de leur santé*, Les Publications du Québec, Collection Réalités féminines, Québec, 1990, 183 p.

# Santé :
# les MTS et le sida

Les maladies transmises sexuellement touchent les femmes de façon particulière, puisqu'elles peuvent entraîner de graves complications, telles une grossesse ectopique ou la stérilité. En 1992, parmi les MTS à déclaration obligatoire, les plus répandues sont la chlamydiose, la gonorrhée et l'hépatite B (tableau 2.17). Bien que l'hépatite B puisse se transmettre par d'autres voies que le sexe, cette voie serait la plus répandue. La chlamydiose domine largement pour les deux sexes. Pour les femmes, plus particulièrement, 8 553 cas ont été déclarés en 1992 comparativement à 303 cas de gonorrhée et à 141 cas d'hépatite B. Les jeunes femmes de 15 à 24 ans sont les plus atteintes par une MTS, notamment par la chlamydiose : alors que pour l'ensemble des femmes, le taux d'incidence est de 243,3 pour 100 000 femmes, il est de 1 552 pour celles de 15 à 19 ans et de 1 162,4 pour celles de 20 à 24 ans. Ces dernières années, on note une diminution de ces MTS, qui serait attribuable à l'apparition du sida, celui-ci ayant entraîné des changements dans les comportements sexuels.

De 1979 à 1993, 286 cas de sida ont été déclarés parmi les femmes et 2 591 parmi les hommes (tableau 2.18). Chez les adultes, le nombre d'hommes atteints est nettement plus élevé que celui des femmes. Cependant, chez les enfants de moins de 15 ans, le nombre est presque le même (30 filles et 27 garçons). Alors que chez les hommes, le virus se transmet surtout par des contacts homosexuels ou bisexuels (dans 77,4 % des cas), la majorité des femmes ont été infectées par des contacts hétérosexuels (69,2 %).

En 1990, on estimait que 1 100 femmes et 10 100 hommes étaient infectés par le VIH (tableau 2.19). La majorité de ces personnes résident dans le Montréal métropolitain, ville qui regroupe d'ailleurs la plus forte concentration de femmes infectées par le VIH au Canada.

Tableau 2.17
**Taux d'incidence des principales maladies transmises sexuellement (MTS) et nombre de cas déclarés par sexe, Québec, 1990, 1991 et 1992**

| Principales MTS | Taux d'incidence par 100 000 | | | Nombre de cas déclarés | | |
|---|---|---|---|---|---|---|
| | **1990** | **1991** | **1992** | **1990** | **1991** | **1992** |
| Chlamydiose | | | | | | |
| Femmes | 331,4 | 279,9 | 243,3 | 11 651 | 9 840 | 8 553 |
| Hommes | 111,0 | 102,7 | 92,2 | 3 746 | 3 466 | 3 111 |
| Gonorrhée | | | | | | |
| Femmes | 18,8 | 11,7 | 8,6 | 660 | 410 | 303 |
| Hommes | 33,9 | 28,2 | 19,5 | 1 143 | 953 | 658 |
| Hépatite B aiguë | | | | | | |
| Femmes | 4,0 | 4,4 | 4,0 | 141 | 155 | 141 |
| Hommes | 9,0 | 7,9 | 9,2 | 305 | 268 | 311 |

Source : Centre de santé publique de Québec, *Analyse des cas de gonorrhée, de chlamydiose, d'infection par le virus de l'hépatite B et de syphilis déclarés au Québec par année civile, 1990-1992.*

Tableau 2.18
**Nombre total de cas de sida déclarés, taux d'incidence, proportion des personnes infectées par contacts hétérosexuels et état actuel des personnes par sexe, Québec, janvier 1979 à février 1994**

| | **Femmes** | **Hommes** | **Total** |
|---|---|---|---|
| Nombre de cas déclarés | | | |
| Adultes | 256 | 2 564 | 2 820 |
| Enfants moins de 15 ans | 30 | 27 | 57 |
| **Total** | **286** | **2 591** | **2 877** |
| Taux d'incidence par 100 000 personnes | 8,1 | 76,7 | 41,7 |
| Personnes infectées par contacts hétérosexuels ( %) | 69,2 | 8,0 | 14,1 |
| Nombre de personnes décédées | 183 | 1 525 | 1 708 |

Source : Centre québécois de coordination sur le sida, *Surveillance des cas de syndrome d'immunodéficience acquise (sida), Québec, Cas cumulatifs 1979-1994* : mise à jour n° 94-2, Montréal, 15 mars 1995, p. 1.

Tableau 2.19

**Estimation du nombre de personnes de 15 ans ou plus infectées par le VIH***
**et taux de prévalence du VIH par 1 000 personnes selon le lieu de résidence et le sexe,**
**Québec, 31 décembre 1990**

| Lieu de résidence | Femmes | | Hommes | |
|---|---|---|---|---|
| | **Nombre** | **Taux** | **Nombre** | **Taux** |
| Montréal métro | 800 | 0,89 | 7 800 | 9,70 |
| Reste du Québec | 300 | 0,17 | 2 300 | 1,30 |
| **Total** | **1 100** | **0,41** | **10 100** | **4,00** |

*VIH : virus d'immunodéficience humaine.

Source : Remis, Robert S., *Rapport sur la situation du sida et de l'infection au VIH au Québec, 1992 – résultats de la première année du mandat : 1er février 1991 au 31 mars 1992*, Montréal, Centre d'études sur le sida, DSC Hôpital général de Montréal, 1992, tableau 14.

### *Pour en savoir plus*

Parent, Raymond et Michel Alarie, *Analyse des cas de gonorrhée, de chlamydiose, d'infection par le virus de l'hépatite B et de syphilis déclarés au Québec par année civile, 1990-1992*, recherche réalisée pour le Centre québécois de coordination sur le sida, Québec, 1994.

Remis, Robert S., *Rapport sur la situation du sida et de l'infection au VIH au Québec*, Centre d'études sur le sida, Québec, 1992, 52 p.

Hawkins, Catherine, « Aspects épidémiologiques du sida chez les femmes », dans *Les femmes et le sida, les enjeux*, Les Publications du Québec, Québec, 1991, p. 6-13.

# L'éducation

La présence majoritaire des filles et des femmes dans les collèges et les universités depuis quelques années et leurs succès scolaires ont tendance à occulter la situation des femmes en général au regard de l'éducation. Le présent chapitre propose un portrait de la scolarité des femmes de tous les âges et place ces données dans un contexte de participation au marché du travail.

Il décrit d'abord les progrès en éducation qui ont marqué la population féminine québécoise depuis une vingtaine d'années en faisant état du niveau de scolarité des femmes.

Puis, il dresse un portrait des diplômées et des diplômés des trois ordres d'enseignement, faisant ainsi ressortir les progrès des femmes, mais aussi la ségrégation qui persiste dans la formation professionnelle et technique. Selon toute vraisemblance, cette ségrégation continuera à se refléter dans la main-d'œuvre.

Les données présentées dans la troisième partie le laissent d'ailleurs entrevoir. On y traite, en effet, de l'insertion professionnelle des sortantes et des sortants des écoles secondaires, des collèges et des universités, et on constate des différences marquées, notamment sur le plan des salaires.

Une série de tableaux illustrant la situation des étudiantes adultes dans le système d'éducation indiquent que les femmes travaillent fort pour combler le déficit qui les sépare encore, de façon générale, du niveau de scolarité de l'ensemble de la population masculine.

Enfin, une dernière série de tableaux montrent le lien qui existe entre la scolarité et le taux d'activité des femmes et des hommes.

# Éducation :
# la scolarité

La scolarité des Québécoises s'est élevée considérablement de 1971 à 1991 (tableau 3.1) ; d'abord, la proportion de celles n'ayant que de 0 à 8 ans de scolarité a diminué de moitié (41,7 % à 21,5 %). La proportion des femmes ayant fait des études postsecondaires (études non universitaires avec ou sans diplôme ou études universitaires sans baccalauréat) a pour sa part presque doublé (15,1 % à 28,1 %). Enfin, les femmes qui ont un grade universitaire ont vu leur proportion tripler (2,7 % à 8,7 %).

Non seulement les femmes sont-elles plus scolarisées qu'il y a 20 ans, mais leur scolarité s'est rapprochée de celle des hommes. En effet, bien que ceux-ci aient également vu leur niveau de scolarité s'accroître pendant cette période, les progrès des femmes ont été supérieurs aux leurs, notamment parmi les diplômées universitaires. Néanmoins, en 1991, la proportion de femmes détenant un grade universitaire demeure inférieure à celle des hommes (8,7 % et 12 %).

Les données du tableau 3.2 permettent de constater que, plus les Québécoises sont jeunes, plus elles sont scolarisées. Ainsi, sauf pour les 15 à 19 ans, parmi lesquelles plusieurs n'ont pas encore terminé leurs études secondaires, les proportions de femmes ayant moins de 9 ans de scolarité ou ayant fait des études secondaires partielles augmentent avec l'âge. À l'inverse, plus l'âge des femmes s'élève et plus la proportion de celles qui ont poursuivi des études postsecondaires ou qui ont un grade universitaire diminue ; par exemple, alors que 47 % des femmes de 20 à 24 ans ont complété des études postsecondaires, cette proportion est de 10,3 % chez les 65 ans ou plus. En outre, tandis que 10 % des 20-24 ans détiennent un grade universitaire (certaines étant en voie de l'acquérir), seulement 3,1 % des femmes de 65 ans ou plus en ont un.

L'examen du taux de féminité par échelon d'études atteint (tableau 3.3) montre que, dans l'ensemble, les Québécoises sont surreprésentées par rapport à leur proportion dans la population (51,4 %) parmi les personnes ayant moins de 9 ans de scolarité (54,2 %) et parmi celles ayant complété des études secondaires (55,4 %). À l'inverse, elles sont sous-représentées parmi les diplômées universitaires (44,6 %). Cependant, on constate que, plus elles sont jeunes et moins elles sont représentées parmi les personnes comptant de 0 à 8 ans de scolarité ou ayant fait des études secondaires partielles. Par contre, plus elles sont jeunes, plus leur proportion augmente parmi les diplômées universitaires (64,2 % chez les 20-24 ans).

Tableau 3.1
**Répartition des personnes de 15 ans ou plus selon la scolarité atteinte et le sexe, Québec, 1971-1991**

| Scolarité | Femmes | | | | Hommes | | | |
|---|---|---|---|---|---|---|---|---|
| | 1971 | 1981 | 1991 | 1991 1971 | 1971 | 1981 | 1991 | 1991 1971 |
| | % | % | % | % | % | % | % | % |
| 0 à 8 ans | 41,7 | 28,4 | 21,5 | 51,6 | 40,0 | 25,9 | 19,8 | 49,5 |
| 9 à 13 ans | 40,5 | 41,7 | 41,7 | 103,0 | 36,8 | 38,1 | 40,3 | 109,5 |
| Études postsecondaires | 15,1 | 24,8 | 28,1 | 186,1 | 16,6 | 26,8 | 27,9 | 168,1 |
| Grade universitaire* | 2,7 | 5,1 | 8,7 | 322,2 | 6,6 | 9,2 | 12,0 | 181,8 |
| **Total** | **100,0** | **100,0** | **100,0** | – | **100,0** | **100,0** | **100,0** | – |

* Il s'agit du baccalauréat, de la maîtrise ou du doctorat.
Source : Statistique Canada, *Niveau de scolarité et fréquentation scolaire*, catalogue 93-328, tableau 1.

Tableau 3.2
**Répartition des femmes de 15 ans ou plus selon la scolarité atteinte et le groupe d'âge, Québec, 1993**

| Scolarité | 15-19 % | 20-24 % | 25-44 % | 45-64 % | 65 ou + % | Total % |
|---|---|---|---|---|---|---|
| 0 à 8 ans | 11,1 | 4,0 | 6,7 | 31,1 | 56,6 | 21,2 |
| Études secondaires | | | | | | |
| partielles | 44,4 | 13,4 | 14,6 | 19,2 | 17,4 | 18,6 |
| complétées | 19,2 | 14,1 | 24,2 | 18,7 | 10,8 | 19,4 |
| Études postsecondaires | | | | | | |
| partielles | 18,7 | 11,4 | 7,6 | 3,6 | 1,8 | 6,8 |
| complétées | 6,6 | 47,0 | 31,6 | 19,0 | 10,3 | 24,1 |
| Grade universitaire | 0,0 | 10,0 | 15,3 | 8,4 | 3,1 | 9,9 |
| **Total** | **100,0** | **100,0** | **100,0** | **100,0** | **100,0** | **100,0** |

Source : Statistique Canada, compilation spéciale des données de l'*Enquête sur la population active*.

Tableau 3.3
**Taux de féminité de la population selon la scolarité et le groupe d'âge, Québec, 1993**

| Scolarité | 15-19 % | 20-24 % | 25-44 % | 45-64 % | 65 ou + % | Total % |
|---|---|---|---|---|---|---|
| 0 à 8 ans | 42,6 | 47,3 | 49,7 | 52,9 | 59,4 | 54,2 |
| Études secondaires | | | | | | |
| partielles | 44,9 | 42,8 | 48,1 | 54,3 | 62,7 | 50,3 |
| complétées | 58,0 | 46,4 | 54,3 | 57,4 | 61,5 | 55,4 |
| Études postsecondaires | | | | | | |
| partielles | 52,8 | 44,3 | 49,8 | 49,7 | 50,3 | 49,6 |
| complétées | 56,9 | 50,9 | 50,2 | 49,1 | 57,5 | 50,7 |
| Grade universitaire | – | 64,2 | 47,0 | 36,9 | 37,9 | 44,6 |
| **Total** | **48,8** | **49,0** | **50,2** | **51,2** | **58,7** | **51,4** |

Source : Statistique Canada, compilation spéciale des données de l'Enquête sur la population active.

# Éducation :
# les diplômées du secondaire

Depuis plusieurs années, la probabilité d'obtenir un diplôme d'études secondaires au secteur des jeunes, c'est-à-dire l'enseignement à temps plein destiné aux moins de 16 ans, est plus grande pour les filles que pour les garçons (tableau 3.4). Pour l'année scolaire 1991-1992, cette probabilité est de 74,1 %, soit de 12,3 points supérieure à celle des garçons. C'est donc dire qu'une fille sur quatre quitte le secteur régulier sans diplôme. Bien que l'abandon scolaire soit moins fréquent chez les filles, ce phénomène est préoccupant, en raison de ses incidences plus importantes sur le taux d'activité des femmes et, conséquemment, sur leur possibilité de gagner un revenu de travail. D'après les statistiques, en effet, les femmes sans diplôme risquent davantage d'être exclues de la main-d'œuvre que leurs homologues masculins. Une proportion plus élevée de femmes que d'hommes obtiennent un diplôme d'études secondaires au cours de leur vie, et ce malgré les difficultés liées au fait d'étudier à l'âge adulte : ainsi, en 1991, on estime que 96,4 % des femmes obtiendront ce diplôme, dont 19,9 % après l'âge de 20 ans, comparativement à 80,5 % des hommes (16,8 % après 20 ans).

Tant au secteur des jeunes qu'au secteur des adultes, les femmes qui obtiennent un diplôme d'études secondaires s'orientent davantage vers des études postsecondaires que les hommes (tableau 3.5). En effet, 92,1 % des diplômées du secteur des jeunes et 58,5 % de celles du secteur des adultes ont choisi la formation générale en 1991-1992, comparativement à 89,4 % et 42,9 % des diplômés.

Lorsqu'elles choisissent la formation professionnelle, les diplômées du secondaire se concentrent dans quelques formations traditionnellement féminines (tableau 3.6) : 80 % d'entre elles obtiennent leur diplôme dans trois secteurs d'activité, soit le commerce et secrétariat (46 %), la santé et les services sociaux (18,8 %) et les soins esthétiques (15,6 %). Les choix des garçons sont beaucoup plus variés.

Tableau 3.4

**Probabilité d'obtenir un diplôme d'études secondaires au secteur des jeunes et des adultes avant et après 20 ans, selon le sexe, Québec, 1980, 1985 et 1991**

| Sexe, secteur et âge | 1980 % | 1985 % | 1991 % |
|---|---|---|---|
| **Filles** | | | |
| de 15 à 19 ans | | | |
| • secteur des jeunes | 66,1 | 77,7 | 74,1 |
| • secteur des adultes | 0,5 | 0,7 | 2,4 |
| de 20 ans ou plus | 6,9 | 7,4 | 19,9 |
| **Total** | **73,5** | **85,8** | **96,4** |
| **Garçons** | | | |
| de 15 à 19 ans | | | |
| • secteur des jeunes | 59,2 | 67,6 | 61,8 |
| • secteur des adultes | 0,3 | 0,6 | 1,9 |
| de 20 ans ou plus | 6,3 | 6,0 | 16,8 |
| **Total** | **65,8** | **74,2** | **80,5** |

Source : Ministère de l'Éducation.

Tableau 3.5

**Répartition des diplômés du secondaire dans le secteur des jeunes et des adultes selon le type de formation et le sexe, Québec, 1991-1992**

| Type de formation | Secteur des jeunes | | Secteur des adultes | |
|---|---|---|---|---|
| | Filles % | Garçons % | Femmes % | Hommes % |
| Générale | 92,1 | 89,4 | 58,5 | 42,9 |
| Professionnelle* | 7,9 | 10,6 | 41,5 | 57,1 |
| Total | 100,0 | 100,0 | 100,0 | 100,0 |
| **Total N** | **37 399** | **33 837** | **13 226** | **12 801** |
| Taux de féminité | 52,5 | – | 50,8 | – |

\* Inclut les détenteurs de diplômes d'études professionnelles (DEP), de certificats d'études professionnelles (CEP), et d'attestations de spécialisation professionnelle (ASP).

Source : Ministère de l'Éducation.

Tableau 3.6
**Répartition des diplômés en formation professionnelle du secteur des jeunes et des adultes selon la famille de programmes et le sexe, Québec, 1991-1992**

| Famille de programmes | Femmes % | Famille de programmes | Hommes % |
|---|---|---|---|
| Commerce et secrétariat | 46,0 | Électronique | 19,4 |
| Santé et services sociaux | 18,8 | Équipement motorisé | 17,0 |
| Soins esthétiques | 15,6 | Métallurgie | 10,1 |
| Hôtellerie et restauration | 6,0 | Fabrication mécanique | 8,3 |
| Agrotechnique | 2,6 | Construction | 7,7 |
| Imprimerie-édition | 2,6 | Hôtellerie et restauration | 5,8 |
| Autres | 8,4 | Mécanique du bâtiment | 4,2 |
| | | Méc. d'entr. industrielle | 4,1 |
| | | Protection civile | 4,0 |
| | | Autres | 23,5 |
| **Total** | **100,0** | **Total** | **100,0** |

Source : Ministère de l'Éducation.

## *Pour en savoir plus*

Ministère de l'Éducation, *Indicateurs sur la situation de l'enseignement primaire et secondaire 1993*, le Ministère, Québec, 1993, 79 p.

Dufort, Jean-Pierre, *Statistiques de l'éducation, préscolaire, primaire, secondaire*, Ministère de l'Éducation, Québec, 1994, 121 p.

Conseil canadien de développement social, « Supplément l'école avant tout », *Développement social en perspectives* n° 1, automne 1991, p. 7-14.

# Éducation :
# les diplômées du collégial

Le nombre de diplômées du collégial a plus que triplé de 1971 à 1992, passant de 6 510 à 23 489 (graphique 3A). Cette hausse est nettement plus importante que celle enregistrée par les hommes durant cette période (6 695 à 16 131). Il en découle que les filles forment 59,3 % des diplômés du collégial en 1992, comparativement à 43,9 % en 1971.

En plus d'être plus nombreuses parmi les diplômés, les filles s'orientent davantage vers des études universitaires ; on constate en effet que la proportion de femmes diplômées détenant un DEC (diplôme d'études collégiales) préuniversitaire est passée de 56,4 % en 1976, à 64,4 %, en 1992 (tableau 3.7). Comme leurs homologues masculins privilégient davantage qu'en 1976 une formation technique, les diplômés d'études collégiales de chaque sexe, en 1992, se répartissent sensiblement de la même façon selon le type de diplômes : les deux tiers ont un DEC préuniversitaire et le tiers, un DEC technique.

Les deux familles de programmes privilégiées par les détenteurs d'un DEC préuniversitaire sont les sciences humaines et les sciences de la nature (tableau 3.8). Comme en 1976, les diplômées de 1992 s'y répartissent différemment des diplômés : 63,8 % d'entre elles étudient en sciences humaines, comparativement à 55,9 % des diplômés et la proportion des étudiantes en sciences de la nature demeure inférieure à celle des étudiants (24,2 % et 37,6 %). Les différences entre les sexes persistent également dans les choix des détenteurs d'un DEC technique. Les techniques biologiques, administratives et humaines continuent à regrouper la grande majorité des diplômées, mais dans des proportions différentes de celles de 1976 : les techniques biologiques partagent désormais le premier choix des sortantes avec les techniques administratives. Les techniques physiques, quant à elles, demeurent le premier choix des diplômés. Bien que cette option soit peu prisée des sortantes (5,2 %), notons qu'elles choisissent davantage cette technique qu'en 1976. Enfin, comme les femmes forment la majorité des diplômés, elles sont aussi majoritaires dans la plupart des familles de programmes, sauf en sciences de la nature où le taux de féminité est de 47,6 % et surtout, en techniques physiques où ce taux n'est que de 14,9 %.

Graphique 3A
**Évolution du nombre de diplômés du collégial selon le sexe, Québec, 1971-1992**

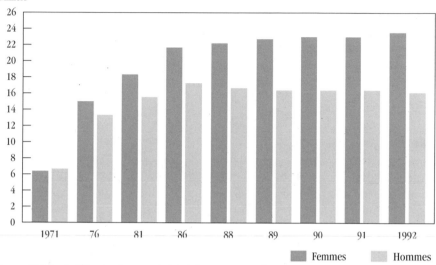

Milliers

Source : Ministère de l'Éducation, Direction générale de l'enseignement collégial.

Tableau 3.7
**Répartition des diplômés du collégial selon le type de diplôme et le sexe,
Québec, 1976, 1986 et 1992**

| Type de diplôme | Femmes | | | Hommes | | |
|---|---|---|---|---|---|---|
| | 1976 %| 1986 %| 1992 %| 1976 %| 1986 %| 1992 %|
| DEC préuniversitaire | 56,4 | 59,5 | 64,4 | 73,1 | 63,9 | 66,7 |
| DEC technique | 43,6 | 40,5 | 35,6 | 26,9 | 36,1 | 33,3 |
| **Total** | **100,0** | **100,0** | **100,0** | **100,0** | **100,0** | **100,0** |

Source : Ministère de l'Éducation, Direction générale de l'enseignement collégial.

Tableau 3.8
**Répartition des diplômés du collégial selon le type de diplôme,
la famille de programmes et le sexe, et taux de féminité, Québec, 1976 et 1992**

| Type de diplôme et famille de programmes | 1976 | | 1992 | | |
|---|---|---|---|---|---|
| | Femmes % | Hommes % | Femmes % | Hommes % | Taux de féminité |
| DEC préuniversitaire | | | | | |
| Sciences de la nature | 26,8 | 40,7 | 24,2 | 37,6 | 47,6 |
| Sciences humaines | 55,0 | 52,5 | 63,8 | 55,9 | 61,7 |
| Arts | 6,8 | 3,3 | 6,0 | 4,5 | 65,1 |
| Lettres | 11,4 | 3,5 | 6,0 | 2,0 | 80,5 |
| **Total** | **100,0** | **100,0** | **100,0** | **100,0** | **58,5** |
| DEC technique | | | | | |
| Techniques biologiques | 52,4 | 11,4 | 33,6 | 14,9 | 77,9 |
| Techniques physiques | 2,5 | 47,8 | 5,2 | 46,5 | 14,9 |
| Techniques humaines | 17,2 | 10,9 | 18,3 | 10,5 | 73,2 |
| Techniques administratives | 24,9 | 26,0 | 33,7 | 22,9 | 69,7 |
| Techniques des arts | 3,0 | 3,9 | 9,1 | 5,3 | 73,0 |
| **Total** | **100,0** | **100,0** | **100,0** | **100,0** | **61,0** |

Source : Ministère de l'Éducation, Direction générale de l'enseignement collégial.

### *Pour en savoir plus*

Ministère de l'Enseignement supérieur et de la Science, *Regard sur l'enseignement collégial, Indicateurs de l'évolution du système*, le Ministère, Québec, 1993, 131 p.

# Éducation :
# les diplômées universitaires

De 1970 à 1992, le nombre de diplômées universitaires s'est multiplié par 3,6, passant de 8 600 à 31 400 (graphique 3B). Cette croissance est nettement supérieure à celle des diplômés, dont le nombre est passé de 12 940 à 22 500. La hausse plus importante du nombre de femmes diplômées a pour effet qu'elles représentent 6 diplômés sur 10 en 1992, comparativement à 4 sur 10 en 1970.

Les détentrices d'un baccalauréat, d'une maîtrise ou d'un doctorat ont vu leur nombre s'accroître considérablement pendant cette période. Aussi, elles forment 56,6 % des bacheliers et 45,7 % des détenteurs d'une maîtrise ou d'un doctorat, comparativement à 39,9 % et 27,9 % en 1974 (tableau 3.9). C'est toutefois l'augmentation du nombre de détentrices d'un certificat ou d'un diplôme inférieur au baccalauréat qui explique le plus la forte croissance des femmes parmi les diplômés universitaires : ce nombre est en effet passé de 1 941 en 1974 à 12 574 en 1992, et le taux de féminité, de 54,2 % à 64,8 %.

Les bachelières se répartissent entre les secteurs disciplinaires de façon différente de celles d'il y a 10 ans (tableau 3.10). Par exemple, 20 % se spécialisent en administration, comparativement à 13,6 % en 1983. De plus, la proportion de celles qui obtiennent leur diplôme en santé, en sciences appliquées, en sciences humaines et en droit, a augmenté. En contrepartie, les diplômées ont vu leur proportion diminuer surtout en éducation (20,1 % et 25,9 %), mais aussi en arts, en lettres et en plurisectoriel. D'autre part, la répartition des bacheliers entre les secteurs disciplinaires s'est peu modifiée. Les changements dans la répartition des diplômées et le fait qu'elles soient plus nombreuses parmi les bacheliers font en sorte que les femmes ont augmenté leur proportion par rapport aux hommes dans presque tous les secteurs disciplinaires. C'est le cas particulièrement en administration (taux de féminité de 52,9 % comparativement à 34,5 % en 1983), en santé (74,6 % et 60,7 %) et en sciences pures (46,8 % et 36,2 %). De plus, elles forment la majorité des sortants dans presque tous les secteurs.

Graphique 3B
**Évolution du nombre de diplômés universitaires selon le sexe, Québec, 1970-1992**

Milliers

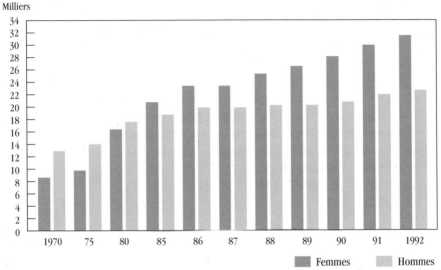

Source : Ministère de l'Éducation, Direction de l'enseignement et de la recherche universitaires.

Tableau 3.9
**Répartition des diplômés universitaires selon le type de diplôme et le sexe, Québec, 1974 et 1992.**

| Type de diplôme | 1974 | | | 1992 | | |
|---|---|---|---|---|---|---|
| | Femmes N | Hommes N | Taux de féminité | Femmes N | Hommes N | Taux de féminité |
| Baccalauréat | 6 380 | 9 627 | 39,9 | 15 763 | 12 065 | 56,6 |
| Maîtrise et doctorat | 782 | 2 017 | 27,9 | 3 071 | 3 651 | 45,7 |
| Certificat et diplôme (1er et 2e cycles) | 1 941 | 1 643 | 54,2 | 12 574 | 6 816 | 64,8 |
| **Total** | **9 103** | **13 287** | **40,7** | **31 408** | **22 532** | **58,2** |

Source : Ministère de l'Éducation, Direction de l'enseignement et de la recherche universitaires.

Tableau 3.10
**Répartition des baccalauréats selon le secteur disciplinaire et le sexe, Québec, 1983 et 1992**

| Secteur disciplinaire | 1983 | | | 1992 | | |
|---|---|---|---|---|---|---|
| | Femmes % | Hommes % | Taux de féminité | Femmes % | Hommes % | Taux de féminité |
| Santé | 9,4 | 5,8 | 60,7 | 11,1 | 4,9 | 74,6 |
| Sciences pures | 5,3 | 8,9 | 36,2 | 5,2 | 7,7 | 46,8 |
| Sciences appliquées | 4,8 | 22,7 | 16,8 | 5,6 | 25,1 | 22,6 |
| Sciences humaines | 19,0 | 16,2 | 52,8 | 21,2 | 18,2 | 60,3 |
| Éducation | 25,9 | 10,4 | 70,3 | 20,1 | 8,6 | 75,4 |
| Administration | 13,6 | 24,6 | 34,5 | 20,0 | 23,3 | 52,9 |
| Arts | 5,7 | 2,7 | 66,8 | 3,8 | 3,2 | 61,0 |
| Lettres | 8,7 | 2,6 | 76,1 | 6,2 | 2,6 | 75,9 |
| Droit | 3,8 | 3,9 | 48,1 | 4,1 | 4,0 | 57,1 |
| Plurisectoriel | 3,8 | 2,2 | 62,2 | 2,6 | 2,4 | 58,5 |
| Total | 100,0 | 100,0 | – | 100,0 | 100,0 | – |
| **Total N** | **10 851** | **11 394** | **48,8** | **15 763** | **12 065** | **56,6** |

Source : Ministère de l'Éducation, Direction de l'enseignement et de la recherche universitaires.

### Pour en savoir plus

Forgues, André, *Indicateurs de l'activité universitaire*, ministère de l'Enseignement supérieur et de la Science, Québec, 1993, 146 p.

Statistique Canada, *L'éducation au Canada, revue statistique pour 1991-1992*, Ottawa, catalogue 81-204.

## Éducation :
## l'insertion professionnelle des diplômées
## du secteur professionnel du secondaire (DEP)

Malgré une participation plutôt faible au marché du travail, les femmes diplômées du secteur professionnel s'y intègrent dans une proportion plus élevée que leurs confrères (tableau 3.11); en effet, 52,8 % des sortantes ont un emploi 10 mois après l'obtention de leur diplôme, comparativement à 45,7 % des sortants. Ces derniers choisissent davantage que les filles de poursuivre leurs études (17,3 % et 9,7 %). Enfin, on retrouve pour les deux sexes des proportions semblables de diplômés en recherche d'emploi, soit 20 %, ou inactifs, environ 17 %.

Les caractéristiques d'emploi des femmes ayant suivi une formation professionnelle diffèrent de celles des hommes (tableau 3.12). D'abord, leur emploi est davantage lié à leur formation que ne l'est celui des travailleurs (76 % comparativement à 56,3 %); cependant, 31 % d'entre elles travaillent à temps partiel, alors que ce pourcentage n'est que de 13,1 % pour leurs confrères. Enfin, le salaire hebdomadaire moyen gagné par les travailleuses à temps plein au cours d'une semaine normale de travail est inférieur à celui des travailleurs (329 $ et 419 $).

Parmi les familles de programmes qui regroupent le plus de femmes diplômées, on constate que le domaine de la santé et des services sociaux offre les meilleures chances d'occuper un emploi 10 mois après l'obtention du diplôme (66,7 %) lié à la formation (91,4 %), mais les moins bonnes chances d'occuper un emploi à temps plein (55,8 %). Si seulement une diplômée en hôtellerie et restauration sur deux est en emploi comparativement à 56,1 % des sortants, cette famille de programmes permet aux diplômés de travailler dans leur domaine (91,7 % pour les femmes et 86,8 % pour les hommes). De façon générale, on note que les femmes qui travaillent à temps plein gagnent des salaires inférieurs à ceux des diplômés : en effet, leurs salaires moyens varient de 239 $ à 408 $ par semaine et ceux des hommes, de 362 $ à 538 $.

Tableau 3.11
**Situation des diplômés du secteur professionnel 10 mois après l'obtention du DEP
selon le sexe, Québec, promotion 1991-1992**

| Situation des diplômés | Femmes % | Hommes % | Total % |
|---|---|---|---|
| Ayant un emploi | 52,8 | 45,7 | 49,1 |
| En recherche d'emploi | 20,0 | 20,3 | 20,2 |
| Aux études | 9,7 | 17,3 | 13,6 |
| Inactifs | 17,5 | 16,7 | 17,1 |
| **Total** | **100,0** | **100,0** | **100,0** |

Source : Ministère de l'Éducation.

Tableau 3.12
**Caractéristiques d'emploi des détenteurs d'un diplôme du secteur professionnel
du secondaire selon le sexe, Québec, promotion 1991-1992**

| Caractéristique d'emploi | Femmes | Hommes | Total |
|---|---|---|---|
| À temps plein (%) | 69,0 | 86,9 | 77,6 |
| À temps partiel (%) | 31,0 | 13,1 | 22,4 |
| Emploi lié à la formation (%) | 76,0 | 56,3 | 65,4 |
| Salaire hebdomadaire moyen | 329 $ | 419 $ | 379 $ |

Source : Ministère de l'Éducation.

Tableau 3.13
**Proportion des détenteurs d'un diplôme du secteur professionnel du secondaire en emploi et caractéristiques de l'emploi par famille de programmes regroupant le plus de diplômés par sexe, Québec, promotion 1991-1992**

| Familles de programmes regroupant le plus de diplômés | En emploi % | À temps plein % | Lié à la formation % | Salaire hebdomadaire moyen $ |
|---|---|---|---|---|
| Femmes | | | | |
| Commerce et secrétariat | 54,6 | 72,4 | 74,4 | 333 |
| Santé et services sociaux | 66,7 | 55,8 | 91,4 | 408 |
| Soins esthétiques | 47,7 | 67,8 | 77,9 | 239 |
| Hôtellerie et restauration | 50,5 | 59,5 | 91,7 | 288 |
| Agrotechnique | 35,5 | 64,5 | 81,6 | 254 |
| Imprimerie-édition | 35,4 | 78,7 | 60,8 | 341 |
| Hommes | | | | |
| Électronique | 46,0 | 81,5 | 48,2 | 404 |
| Équipement motorisé | 50,2 | 88,8 | 67,8 | 382 |
| Métallurgie | 46,0 | 91,8 | 59,6 | 461 |
| Fabrication mécanique | 48,7 | 94,3 | 56,5 | 425 |
| Construction | 40,7 | 94,7 | 59,3 | 477 |
| Hôtellerie et restauration | 56,1 | 94,0 | 86,8 | 362 |
| Mécanique du bâtiment | 47,3 | 87,5 | 40,7 | 471 |
| Mécanique d'entretien industriel | 43,3 | 89,7 | 52,0 | 538 |
| Protection civile | 5,4 | 66,7 | 80,0 | 440 |

Source : Ministère de l'Éducation.

## *Pour en savoir plus*

Michel, Pierre et Nicole Dion, *Relance au secondaire, production synthèse*, ministère de l'Éducation, Québec, 1994, 27 p.

# Éducation :
# l'insertion professionnelle des diplômées du collégial en formation technique

Depuis quelques années, le pourcentage de diplômées qui ont un emploi 10 mois après l'obtention d'un DEC technique est plus élevée que celui de leurs confrères (tableau 3.14); en 1990-1991, il est de 69,9 %, comparativement à 62,6 % pour les hommes. De plus, la proportion de femmes en recherche d'emploi est moins élevée (8,3 % comparativement à 11,5 %). Enfin, 1 diplômée sur 5 choisit de poursuivre ses études, comparativement à 1 homme sur 4. La décision de poursuivre les études étant étroitement liée aux possibilités d'emploi et donc, à la situation économique, la proportion de diplômées et diplômés aux études est plus grande en 1991 qu'en 1986.

Bien qu'une proportion plus importante de diplômées intègrent le marché du travail, elles sont moins nombreuses que les hommes à occuper un emploi à temps plein : en 1991, 75,4 % des diplômées en emploi travaillent à temps plein, comparativement à 87,1 % des hommes (tableau 3.15). De plus, si un pourcentage plus élevé de ces femmes occupent un emploi en rapport avec leur formation (82,5 % comparativement à 77,8 %), le salaire hebdomadaire moyen des travailleuses à temps plein est inférieur à celui des techniciens (391 $ comparativement à 447 $). Ce sont en effet les techniques biologiques et les techniques physiques qui offrent les meilleurs salaires hebdomadaires, domaines dans lesquels on retrouve au total une proportion beaucoup plus importante d'hommes que de femmes. Globalement, les familles des techniques humaines, administratives et des arts offrent, dans l'ordre, une rémunération moins élevée pour leurs sortants.

C'est en techniques biologiques qu'on retrouve le plus fort pourcentage de diplômées en emploi (79,6 %) et de travailleuses détenant un emploi lié à leur formation (93 %) (tableau 3.16). Par contre, la proportion de travailleuses à temps plein y est la moins élevée (67,4 %). Même si les diplômées en techniques physiques sont moins en emploi (64,8 %), la majorité d'entre elles détiennent un emploi à temps plein (88,3 %) et en rapport avec leur formation (83,7 %). Ce sont les techniques des arts qui offrent le moins de chances aux diplômées d'intégrer le marché du travail (63,8 %) et d'occuper un emploi lié à leur formation (66,8 %).

Tableau 3.14

**Situation des diplômés en formation technique de 24 ans ou moins, 10 mois après l'obtention du DEC selon le sexe, Québec, promotions 1982-1983, 1986-1987 et 1990-1991**

| Situation des diplômés | Femmes | | | Hommes | | |
|---|---|---|---|---|---|---|
| | 1982 % | 1986 % | 1990 % | 1982 % | 1986 % | 1990 % |
| Ayant un emploi | 69,9 | 78,3 | 69,9 | 60,2 | 70,8 | 62,6 |
| En recherche d'emploi | 12,5 | 6,0 | 8,3 | 15,2 | 8,6 | 11,5 |
| Aux études | 16,2 | 14,3 | 20,3 | 23,8 | 19,1 | 24,9 |
| Inactifs | 1,4 | 1,4 | 1,5 | 0,8 | 1,5 | 1,0 |
| **Total** | **100,0** | **100,0** | **100,0** | **100,0** | **100,0** | **100,0** |

Source : Ministère de l'Éducation.

Tableau 3.15

**Caractéristiques d'emploi des diplômés du collégial en formation technique de 24 ans ou moins, selon le sexe, Québec, promotions 1982-1983, 1986-1987 et 1990-1991**

| Promotion | À temps plein | | Lié à la formation | | Salaire hebdomadaire moyen | |
|---|---|---|---|---|---|---|
| | F % | H % | F % | H % | F $ | H $ |
| 1982-1983 | 78,4 | 89,1 | 82,4 | 74,0 | 266 | 308 |
| 1986-1987 | 80,0 | 93,1 | 84,6 | 80,5 | 322 | 387 |
| 1990-1991 | 75,4 | 87,1 | 82,5 | 77,8 | 391 | 447 |

Source : Ministère de l'Éducation.

Tableau 3.16

**Proportion des diplômés en emploi et caractéristiques de l'emploi selon la famille de techniques et le sexe, Québec, promotion 1990-1991**

| Famille de techniques | En emploi | | À temps plein | | Lié à la formation | |
|---|---|---|---|---|---|---|
| | F % | H % | F % | H % | F % | H % |
| Techn. biologiques | 79,6 | 72,6 | 67,4 | 84,6 | 93,0 | 89,4 |
| Techn. physiques | 64,8 | 61,6 | 88,3 | 90,4 | 83,7 | 75,4 |
| Techn. humaines | 67,9 | 77,7 | 68,6 | 81,4 | 76,0 | 86,8 |
| Techn. administr. | 65,6 | 53,4 | 83,1 | 86,4 | 80,7 | 70,5 |
| Techn. des arts | 63,8 | 65,9 | 79,1 | 82,8 | 66,8 | 78,2 |

Source : Ministère de l'Éducation.

## *Pour en savoir plus*

Ministère de l'Enseignement supérieur et de la Science, *La relance au collégial*, le Ministère, Québec, 1993, 329 p.

# Éducation :
## l'insertion professionnelle des détenteurs et détentrices de baccalauréat

La proportion de bacheliers qui occupent un emploi deux ans après l'obtention du diplôme fluctue selon la situation économique, notamment parce qu'en période de ralentissement, le nombre de personnes qui retournent aux études augmente. Même si la situation de l'emploi est plus difficile pour les diplômés de 1990, on constate que, pour la première fois, les femmes ont un taux d'emploi supérieur à celui des hommes, soit 74,4 % comparativement à 72,2 % (graphique 3C).

Comme les bachelières des promotions antérieures, celles de 1990 travaillent moins à temps plein que leurs confrères : c'est le cas de 83,5 % d'entre elles comparativement à 92 % des hommes (tableau 3.17). Sur ce point, l'écart entre les deux sexes s'est creusé au cours des dix dernières années : pour ce qui est de la promotion de 1990, 8,5 points de pourcentage séparent la proportion des hommes travaillant à temps plein de celle des femmes, comparativement à 3,3 points en 1980. Par ailleurs, si les bachelières de 1990 détiennent un emploi lié à la formation dans une proportion légèrement moins élevée que les hommes (80,5 % et 81,7 %), la différence entre les deux groupes est nettement plus grande lorsqu'il est question de la permanence de l'emploi occupé. Aussi, 65,4 % des bachelières ont un emploi permanent, comparativement à 74,4 % des hommes. Sur ce plan, on remarque aussi une hausse de l'écart entre les femmes et les hommes (9 points de pourcentage, comparativement à 6 pour la promotion de 1980). Conséquemment, la proportion de bachelières de 1990 dont l'emploi est à la fois à temps plein, lié à la formation et permanent, est inférieure à celle des bacheliers, soit 46,9 %, comparativement à 59,3 %.

Le pourcentage des bacheliers de 1990 occupant à la fois un emploi à temps plein, lié à la formation et permanent, varie considérablement selon le secteur disciplinaire (tableau 3.18). Les secteurs regroupant le plus de femmes diplômées, soit les sciences humaines et l'éducation, permettent à un peu moins du tiers des diplômées d'obtenir un tel emploi. Les sciences de l'administration et les sciences de la santé, qui regroupent également une proportion importante de bachelières, offrent de meilleures possibilités : environ 6 femmes sur 10 décrochent un emploi à temps plein, lié à la formation et permanent.

Graphique 3C
**Proportion des bacheliers en emploi deux ans après la fin des études, Québec, promotions 1980, 1982, 1985, 1987 et 1990**

Milliers

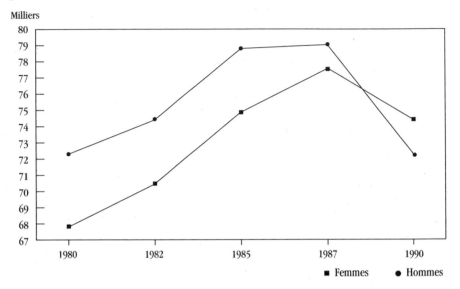

Source : Ministère de l'Éducation.

Tableau 3.17
**Caractéristiques d'emploi des bacheliers selon le sexe, Québec, promotions 1980, 1985 et 1990**

| Promotion | À temps plein | | Lié à la formation | | Emploi permanent | | Caractéristiques réunies | |
|---|---|---|---|---|---|---|---|---|
| | F % | H % | F % | H % | F % | H % | F % | H % |
| 1980 | 94,6 | 97,9 | 78,1 | 78,9 | 84,1 | 90,3 | 63,8 | 71,6 |
| 1985 | 84,8 | 94,9 | 78,6 | 79,5 | 70,2 | 80,1 | 50,8 | 63,4 |
| 1990 | 83,5 | 92,0 | 80,5 | 81,7 | 65,4 | 74,4 | 46,9 | 59,3 |

Source : Ministère de l'Éducation.

Tableau 3.18
**Proportion des bacheliers par sexe occupant un emploi permanent,
à temps plein et lié à la formation, Québec, promotion 1990**

| Secteur disciplinaire | F % | H % | Secteur disciplinaire | F % | H % |
|---|---|---|---|---|---|
| Sciences de la santé | | | Achitecture, urbanisme | 36,6 | 46,3 |
| sc. médicales | 52,0 | 55,2 | Sciences de l'éducation | | |
| sc. de la réadaptation | 60,7 | 82,3 | enseignement | 29,2 | 29,9 |
| sc. paramédicales | 64,2 | 69,0 | orthopédagogie | 33,5 | 58,2 |
| Informatique | 80,5 | 78,6 | autres spécialités | 31,2 | 37,9 |
| Génie, foresterie | 77,0 | 74,8 | Sciences biologiques | 34,5 | 28,4 |
| Droit | 56,2 | 62,0 | Sciences sociales | 29,4 | 30,2 |
| Agriculture, alimentation | 62,2 | 64,2 | Sciences humaines | 33,3 | 31,7 |
| Sciences de l'administration | 68,6 | 70,8 | Lettres et langues | 25,5 | 31,9 |
| Mathématiques, actuariat | 51,7 | 55,2 | Beaux-arts et | | |
| Sciences physiques | 59,2 | 53,1 | arts appliqués | 19,9 | 21,2 |

Source : Ministère de l'Éducation.

### *Pour en savoir plus*

Audet, Marc, *Qu'advient-il des diplômés et diplômées universitaires ?*, ministère de l'Éducation, Les Publications du Québec, Québec, 1994, 615 p.

# Éducation :
# les adultes aux études

Chez les adultes, un nombre plus élevé de femmes que d'hommes fréquentent un établissement d'enseignement en vue d'un certificat, un diplôme ou un grade universitaire. En effet, en 1991, 227 275 femmes de 25 ans ou plus, soit 9,7 % des femmes de ce groupe d'âge, suivent des cours donnant droit à des crédits, comparativement à 168 430 hommes (7,8 % des hommes de 25 ans ou plus) (tableau 3.19). C'est principalement entre 25 et 44 ans que les adultes fréquentent un établissement d'enseignement : en fait, plus de 80 % des adultes aux études se situent dans ce groupe d'âge. Notons que, si près de 4 adultes aux études sur 5 détiennent déjà un diplôme d'études secondaires, le nombre d'étudiantes sans diplôme est nettement supérieur à celui des hommes.

La majorité des adultes des deux sexes qui poursuivent des études font partie de la population active et détiennent un emploi rémunéré (tableau 3.20). Le pourcentage d'étudiantes en emploi ou en chômage est cependant moins élevé que celui des hommes (67,9 % et 12,2 % comparativement à 73 % et à 14,4 %). Par le fait même, la proportion de personnes aux études qui sont absentes du marché du travail rémunéré est nettement plus importante chez les femmes (19,9 % comparativement à 12,6 %). Les femmes poursuivent donc des études davantage dans un but d'insertion ou de réinsertion sur le marché du travail.

Qu'elles soient sur le marché du travail ou non, les femmes poursuivent moins d'études à temps plein que les hommes (tableau 3.21). Ainsi, alors que 55,6 % des étudiantes de 25 à 44 ans absentes du marché du travail (personnes qui n'occupent ni ne recherchent un emploi) étudient à temps plein, cette proportion est de 77,4 % chez les hommes. De plus, 41,2 % des étudiantes en chômage sont inscrites à temps plein, comparativement à 46,4 % pour les étudiants. Cet écart persiste chez ceux qui occupent un emploi : 16,7 % des femmes étudient à temps plein, comparativement à 20,5 % des hommes.

Tableau 3.19
**Nombre d'adultes de 25 ans ou plus inscrits aux études, taux de fréquentation
selon l'âge et le sexe, et pourcentage de ceux détenant un diplôme d'études secondaires,
Québec, 1991**

| Groupe d'âge | Femmes | | Hommes | |
|---|---|---|---|---|
| | N | Taux de fréquentation | N | Taux de fréquentation |
| 25-44 ans | 187 020 | 15,7 | 145 460 | 12,4 |
| 45-64 | 36 750 | 5,0 | 20 880 | 3,0 |
| 65 ou plus | 3 505 | 0,8 | 2 090 | 0,7 |
| **Total** | **227 275** | **9,7** | **168 430** | **7,8** |
| % avec D.E.S. | 78,6 | – | 77,7 | – |

Source : Statistique Canada, *Niveau de scolarité et fréquentation scolaire*, catalogue 93-328, tableau 5.


Tableau 3.20
**Adultes de 25 à 64 ans inscrits aux études selon leur situation
sur le marché du travail et le sexe, Québec, 1991**

| Situation sur le marché du travail rémunéré | Femmes | | Hommes | |
|---|---|---|---|---|
| | Nombre | % | Nombre | % |
| Absents du marché du travail | 44 604 | 19,9 | 21 076 | 12,6 |
| Sur le marché du travail | 179 415 | 80,1 | 145 565 | 87,4 |
| En chômage | 27 248 | 12,2 | 23 957 | 14,4 |
| En emploi | 152 167 | 67,9 | 121 608 | 73,0 |
| **Total** | **224 019** | **100,0** | **166 641** | **100,0** |

Source : *Ibid.*, tableau 9.


Tableau 3.21
**Adultes de 25 à 44 ans inscrits aux études à temps plein ou partiel,
selon la situation sur le marché du travail et le sexe, Québec, 1991**

| Situation sur le marché du travail rémunéré | Femmes | | Hommes | |
|---|---|---|---|---|
| | T. plein % | T. partiel % | T. plein % | T. partiel % |
| Absents du marché du travail | 55,6 | 44,4 | 77,4 | 22,6 |
| Sur le marché du travail | | | | |
| En chômage | 41,2 | 58,8 | 46,4 | 53,6 |
| En emploi | 16,7 | 83,3 | 20,5 | 79,5 |
| **Total** | **26,8** | **73,2** | **30,8** | **69,2** |

Source : *Ibid.*

## *Pour en savoir plus*

Statistique Canada, dans *L'emploi et le revenu en perspective* ; Crompton, Susan, « L'appui du patron à la formation, ça dépend de la profession », p. 11-21, et « Les personnes sans emploi face à la formation », p. 22-27 ; Crompton, Susan, « La formation offerte par les employeurs », vol. 4, n° 2, été 1992, p. 34-43 ; Bennet, Ken, « Information récente au sujet de la formation », p. 27-31, vol. 6, n° 1, printemps 1994 ; et Haggar-Guénette, C., « Formation continue : qui retourne aux études ? », vol. 3, n° 4, hiver 1991, p. 28-35.

# Éducation :
# le taux d'activité selon la scolarité

Le graphique 3D montre que, pour les femmes comme pour les hommes, le taux d'activité ou de participation à la main-d'œuvre s'accroît avec la scolarité. Il montre également que, quelle que soit leur scolarité, les femmes ont un taux d'activité ou de participation à la main-d'œuvre inférieur à celui des hommes. Enfin, il permet de voir que l'écart entre le taux d'activité des femmes et celui des hommes augmente avec la diminution de la scolarité. Ainsi, alors que cet écart est de 9 points de pourcentage pour les détenteurs d'un grade universitaire, il est de plus de 20 points pour les femmes et les hommes dont la scolarité est inférieure à 9 ans.

De façon générale, les observations précédentes s'appliquent pour tous les groupes d'âge (tableaux 3.22 et 3.23). On remarque notamment que le taux d'activité des hommes est supérieur à celui des femmes dans tous les groupes d'âge, quelle que soit leur scolarité. On observe encore une fois que la participation au marché du travail augmente avec la scolarité et que cela s'applique davantage aux femmes qu'aux hommes. Notons par ailleurs que chez les jeunes femmes dont la scolarité est relativement élevée, le taux d'activité est supérieur à celui des hommes. En effet, on remarque que les filles de 15 à 19 ans qui ont complété des études postsecondaires et celles de 20 à 24 ans qui ont un grade universitaire ont un taux d'activité plus élevé que celui de leurs confrères.

*Définition*

Le taux d'activité : pourcentage d'une population qui fait partie de la main-d'œuvre, c'est-à-dire qui occupe un emploi rémunéré ou est en chômage.

Graphique 3D
**Taux d'activité selon la scolarité et le sexe, Québec, 1993**

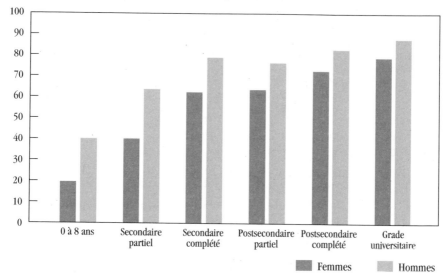

Source : Statistique Canada, compilation spéciale des données de l'*Enquête sur la population active*.

Tableau 3.22
**Taux d'activité des femmes de 15 ans ou plus selon la scolarité et le groupe d'âge, Québec, 1993**

| Scolarité | 15-19 % | 20-24 % | 25-44 % | 45 ou + % | 65 ou + % | Total % |
|---|---|---|---|---|---|---|
| 0 à 8 ans | 20,6 | 24,7 | 45,8 | 15,2 | – | 19,6 |
| Études secondaires | | | | | | |
|    partielles | 53,1 | 46,8 | 56,1 | 30,8 | – | 40,5 |
|    complétées | 54,8 | 74,7 | 75,1 | 44,5 | – | 62,9 |
| Études postsecondaires | | | | | | |
|    partielles | 58,5 | 72,4 | 74,7 | 40,1 | – | 64,5 |
|    complétées | 59,6 | 75,2 | 82,7 | 53,1 | – | 72,8 |
| Grade universitaire | – | 78,9 | 86,4 | 62,9 | – | 79,2 |
| **Total** | **42,4** | **69,3** | **74,4** | **32,6** | **2,0** | **53,7** |

Source : Statistique Canada, compilation spéciale des données de l'*Enquête sur la population active*.

Tableau 3.23
**Taux d'activité des hommes de 15 ans ou plus selon la scolarité et le groupe d'âge, Québec, 1993**

| Scolarité | 15-19 % | 20-24 % | 25-44 % | 45 ou + % | 65 ou + % | Total % |
|---|---|---|---|---|---|---|
| 0 à 8 ans | 33,9 | 68,8 | 70,8 | 34,6 | 4,5 | 40,9 |
| Études secondaires | | | | | | |
| partielles | 38,0 | 81,9 | 85,3 | 55,2 | – | 64,0 |
| complétées | 60,6 | 87,6 | 90,5 | 63,2 | – | 79,8 |
| Études postsecondaires | | | | | | |
| partielles | 55,9 | 75,5 | 89,9 | 65,2 | – | 76,5 |
| complétées | 58,4 | 72,7 | 93,6 | 69,8 | – | 83,2 |
| Grade universitaire | – | 71,9 | 94,6 | 80,7 | 29,8 | 88,5 |
| **Total** | **44,2** | **76,8** | **90,0** | **54,8** | **8,0** | **71,1** |

Source : Statistique Canada, compilation spéciale des données de l'*Enquête sur la population active*.

### *Pour en savoir plus*

Gilbert, Sid, « Le marché du travail pour les sortants du secondaire », *L'emploi et le revenu en perspective*, Statistique Canada, Ottawa, vol. 5, n° 4, hiver 1993, p. 13-17.

# Le marché du travail

Le marché du travail est le lieu par excellence de l'acquisition de l'autonomie économique des femmes. C'est aussi sur le marché de l'emploi que les femmes vivent encore les inégalités les plus évidentes. La difficulté de concilier les responsabilités familiales et professionnelles, la persistance de la division sexuelle des tâches et, partant, la concentration des femmes dans quelques secteurs d'activité ainsi que l'iniquité salariale sont des facteurs qui marquent la participation des femmes à l'emploi.

On trouvera en premier lieu dans le présent chapitre des informations sur la participation au marché de l'emploi de la population québécoise.

Puis, une série de tableaux permet ensuite de mieux connaître la main-d'œuvre féminine et masculine d'après diverses caractéristiques. L'évolution du taux d'activité des femmes, la division de la main-d'œuvre selon les groupes professionnels et les secteurs d'activité, des chiffres sur le travail à temps partiel, sont autant de données qui permettent de dégager certaines particularités de la population féminine en emploi.

Plusieurs informations contenues dans ces tableaux font ressortir certaines caractéristiques de la participation des femmes au marché du travail selon leur statut matrimonial et la présence d'enfants.

On verra aussi comment la participation au marché du travail et la syndicalisation touchent différemment les femmes et les hommes.

Enfin, la dernière section du présent chapitre traite de la santé et la sécurité au travail. On y expose d'abord des données sur les accidents du travail et les maladies professionnelles. Puis, on y traite des dangers liés à la maternité en milieu de travail en fournissant des statistiques sur les femmes qui bénéficient du retrait préventif de la travailleuse enceinte ou qui allaite.

# Marché du travail : un aperçu général

Selon les statistiques, 1 511 000 Québécoises de 15 ans ou plus, soit 53,7 % d'entre elles, participent au marché du travail en 1993, formant ainsi la main-d'œuvre féminine (tableau 4.1). Les autres Québécoises, soit 1 304 000 ou 46,3 %, sont considérées comme des personnes hors main-d'œuvre parce qu'elles ne participent pas au marché du travail, c'est-à-dire qu'elles ne sont pas en emploi ou en chômage (voir définitions). Chez les hommes, les proportions sont respectivement de 71,1 % et 28,9 %. Par ailleurs, 87,9 % de la main-d'œuvre féminine occupe un emploi et 12,1 % est en chômage, proportions qui sont sensiblement les mêmes pour les hommes (86,2 % et 13,8 %).

Le tableau 4.2 présente une comparaison des taux d'activité des femmes de 15 à 64 ans dans différents pays pour l'année 1991. On y observe d'abord que lorsque ce taux est calculé en excluant les femmes de 65 ans ou plus, la proportion de Québécoises faisant partie de la main-d'œuvre atteint 63,5 %, comparativement à 53,7 % pour les femmes de 15 ans ou plus. D'autre part, il est intéressant de constater que cette proportion est inférieure à celle observée pour les Canadiennes (68,3 %). Enfin, on peut voir que le pourcentage de femmes faisant partie de la main-d'œuvre varie selon les États, même si l'intégration des femmes au marché du travail s'observe dans tous les pays industrialisés ou en voie de le devenir.

*Définitions*

Main-d'œuvre : personnes de 15 ans ou plus qui ont un emploi sur le marché du travail ou qui sont en chômage pendant une semaine donnée. Parmi les personnes de 15 ans ou plus, ne sont pas comptées les personnes vivant en établissement de santé, pénitentiaire ou autre et, dans le cas de l'*Enquête sur la population active* (EPA), les membres à temps plein de l'armée et les personnes des réserves indiennes.

Est considérée comme étant en chômage la personne qui :

a- était sans travail, mais avait cherché un emploi au cours des quatre semaines précédentes et était prête à travailler ;

b- n'avait pas cherché de travail au cours des quatre dernières semaines, mais s'attendait à reprendre l'emploi qu'elle avait perdu depuis 26 semaines ou moins et était prête à travailler ;

c- n'avait pas cherché de travail au cours des quatre dernières semaines, mais devait commencer un nouvel emploi dans quatre semaines ou moins et était prête à travailler.

Notons que les travailleurs éventuels qui ont renoncé à chercher un emploi croyant qu'aucun n'était disponible ne sont pas considérés comme des chômeurs, mais comme des personnes hors main-d'œuvre.

Taux d'activité : proportion de la population qui fait partie de la main-d'œuvre.

Taux de chômage : Proportion de la main-d'œuvre qui est en chômage.

Tableau 4.1

**La population et le marché du travail selon le sexe, Québec, 1993**

| Femmes de 15 ans ou plus = 100,0 % | 2 815 000 | | Hommes de 15 ans ou plus = 100,0 % | 2 661 000 | |
|---|---|---|---|---|---|
| | % | N | | % | N |
| Main-d'œuvre totale | 53,7 | 1 511 000 | Main-d'œuvre totale | 71,1 | 1 893 000 |
| Main-d'œuvre en emploi | 87,9 | 1 328 000 | Main-d'œuvre en emploi | 86,2 | 1 632 000 |
| Main-d'œuvre en chômage | 12,1 | 183 000 | Main-d'œuvre en chômage | 13,8 | 261 000 |
| Personnes hors main-d'œuvre | 46,3 | 1 304 000 | Personnes hors main-d'œuvre | 28,9 | 768 000 |

\* Exclut les personnes d'un établissement de santé, pénitentiaire ou autre, les membres à temps plein de l'armée et les personnes des réserves indiennes.

Source : Statistique Canada, *Moyennes annuelles de la population active*, catalogue 71-200, tableau 2.

Tableau 4.2

**Taux d'activité des femmes de 15 à 64 ans dans quelques États, 1991**

| État | Taux d'activité | État | Taux d'activité |
|---|---|---|---|
| Suède | 81,7 | **Québec** | **63,5** |
| Canada | 68,3 | Australie | 61,7 |
| États-Unis | 66,5 | France | 56,6 |
| Royaume-Uni | 66,0 | Mexique | 22,8 |

Source : Bureau internationnal du travail, *Le travail dans le monde*, Genève 1993, p. 102-103.

# Marché du travail :
## l'évolution du taux d'activité

Depuis le début du siècle, la participation des Québécoises de 15 ans ou plus au marché du travail n'a pas cessé d'augmenter (tableau 4.3). De 1911 à 1961, le taux d'activité s'est accru de moins de 4 points par décennie, pour passer de 16,2 % à 27,9 %. La hausse a été plus importante pour chacune des trois décennies suivantes (entre 6 et 13 points de pourcentage par décennie), faisant doubler le taux d'activité, qui atteint 56 % en 1991. De leur côté, les hommes ont vu leur taux d'activité chuter progressivement pendant l'ensemble de la période, celui-ci passant de 87,3 % en 1911 à 74,7 % en 1991. Cette baisse, jointe à la plus grande participation des femmes à la main-d'œuvre, a accru la proportion de femmes dans la main-d'œuvre, proportion qui atteint 44,4 % en 1993.

Les femmes ont participé davantage au marché du travail à tout âge, sauf après 65 ans (tableau 4.4). Ce sont toutefois les femmes de 25 à 44 ans qui ont accru le plus leur participation : parmi elles, plus de 7 femmes sur 10 font partie de la main-d'œuvre en 1993, comparativement à environ 2 sur 10 en 1951. En fait, leur taux d'activité a presque rejoint celui des femmes de 20 à 24 ans, qui était le taux le plus élevé au cours des décennies précédentes. Chez les femmes de 45 à 54 ans, on remarque aussi une augmentation importante du taux d'activité, qui est passé de 19,1 %, en 1951, à 65 % en 1993.

Les modifications dans les taux d'activité des femmes de 25 à 54 ans reflètent un autre changement appréciable dans la société : contrairement à ce qui se passait autrefois, de plus en plus de femmes sont sur le marché du travail lorsqu'elles sont mariées et lorsqu'elles ont des enfants. Le tableau 4.5 montre en effet que le taux d'activité d'activité des femmes mariées (ou vivant avec un conjoint) est de 59,9 % en 1991, comparativement à 11,2 % en 1951. Par ailleurs, on peut voir dans le tableau 4.6 que le taux d'activité des mères s'est accru de façon notable, même lorsqu'elles ont des enfants d'âge préscolaire.

Tableau 4.3
**Taux d'activité de la population de 15 ans ou plus selon le sexe, Québec, 1911-1993**

| Année | Taux d'activité | | Taux de féminité de la main-d'œuvre | Année | Taux d'activité | | Taux de féminité de la main-d'œuvre |
|---|---|---|---|---|---|---|---|
| | F | H | | | F | H | |
| 1911 | 16,2 | 87,3 | 15,3 | 1961 | 27,9 | 76,7 | 27,1 |
| 1921 | 18,7 | 86,9 | 17,7 | 1971 | 33,9 | 70,4 | 33,3 |
| 1931 | 21,9 | 87,1 | 19,8 | 1981 | 47,5 | 75,8 | 39,7 |
| 1941 | 22,9 | 85,4 | 21,1 | 1991 | 56,0 | 74,7 | 44,2 |
| 1951 | 25,0 | 85,0 | 23,2 | 1993 | 53,7 | 71,1 | 44,4 |

Sources : Statistique Canada; 1951 à 1991 : recensements canadiens; 1993 : base de données différente, soit l'*Enquête sur la population active*.


Tableau 4.4
**Taux d'activité des femmes selon l'âge, Québec, 1951-1993**

| Année | 15-19 % | 20-24 % | 25-34 % | 35-44 % | 45-54 % | 55-64 % | 65 ou + |
|---|---|---|---|---|---|---|---|
| 1951 | 40,5 | 46,3 | 23,9 | 20,6 | 19,1 | 14,0 | 5,8 |
| 1961 | 37,9 | 51,3 | 27,0 | 24,8 | 26,7 | 20,3 | 7,3 |
| 1971 | 32,5 | 61,4 | 39,9 | 34,4 | 33,8 | 26,4 | 9,0 |
| 1981 | 36,6 | 76,6 | 61,8 | 57,4 | 47,2 | 29,0 | 5,8 |
| 1991 | 41,0 | 79,2 | 76,3 | 75,8 | 65,2 | 30,8 | 4,3 |
| 1993 | 42,4 | 69,3 | 73,4 | 75,5 | 65,0 | 29,3 | 2,0 |

Sources : *Ibid.*


Tableau 4.5
**Taux d'activité des femmes selon l'état matrimonial, Québec, 1951-1993**

| Année | Mariées | Célibataires | Divorcées | Séparées | Veuves |
|---|---|---|---|---|---|
| 1951 | 11,2 | 58,4 | .................. | 19,3 * | .................. |
| 1961 | 22,1 | 54,9 | .................. | 23,1 * | .................. |
| 1971 | 37,0 | 53,5 | .................. | 26,6 * | .................. |
| 1981 | 47,0 | 57,0 | 57,7 | 50,8 | 16,6 |
| 1991 | 59,9 | 60,5 | 69,0 | 65,0 | 14,2 |

* taux d'activité des femmes divorcées, séparées ou veuves.

Source : Statistique Canada, recensements canadiens.

Tableau 4.6
**Taux d'activité des mères selon l'âge des enfants, Québec, 1976, 1981, 1985 et 1993**

| Année | Ayant des enfants de moins de 3 ans | Dont le plus jeune enfant est âgé de 3 à 5 ans | Sans enfant de moins de 6 ans, mais ayant des enfants de 6 à 15 ans |
|---|---|---|---|
| 1976 | 28,5 | 32,2 | 40,3 |
| 1981 | 43,2 | 45,9 | 52,0 |
| 1985 | 53,1 | 55,2 | 56,6 |
| 1993 | 62,2 | 62,2 | 72,7 |

Source : Statistique Canada, données de l'*Enquête sur la population active*.

### *Pour en savoir plus*

Statistique Canada, *Les femmes sur le marché du travail*, catalogues 71-534 et 71-534F.

Statistique Canada, *Moyennes annuelles de la population active*, catalogue 71-220.

Motard, Louise et Camille Tardieu, *Les femmes ça compte*, Conseil du statut de la femme, Les Publications du Québec, Collection Réalités féminines, Québec, 1990, 262 p.

# Marché du travail :
# la main-d'œuvre selon quelques facteurs

Divers facteurs, tels les changements dans la répartition de la population selon l'âge et la présence accrue des femmes mariées et des mères sur le marché du travail, ont passablement modifié la composition de la main-d'œuvre féminine et de la main-d'œuvre en général. Ainsi, en 1993, les femmes de 35 à 54 ans forment une proportion beaucoup plus importante de la main-d'œuvre féminine qu'en 1981 (29,3 % et 18,9 %, comparativement à 19,8 % et 13,5 %) (tableau 4.7). Inversement, celles de 15 à 24 ans ont vu leur proportion passer de 29,7 % à 16,4 % durant cette période. Chez les hommes, le même changement est observé, bien qu'il soit plus nuancé. Par ailleurs, on note que la part des femmes dans la main-d'œuvre totale a augmenté dans tous les groupes d'âge, sauf celui des 65 ans ou plus.

Des changements sont aussi constatés dans la répartition de la main-d'œuvre selon l'état matrimonial, particulièrement pour les femmes (tableau 4.8). En effet, en 1993, la main-d'œuvre féminine est composée d'une proportion plus élevée de femmes mariées (vivant avec un conjoint) qu'en 1981 (65,4 %, comparativement à 58,7 %) ; de plus, la proportion de femmes divorcées, séparées ou veuves est plus élevée qu'en 1981 (10,4 % et 8,2 %). En contrepartie, les célibataires forment un groupe moins important de la main-d'œuvre féminine qu'en 1981 (24,2 %, comparativement à 33,1 %). Ces changements font en sorte qu'en 1993, le profil de la main-d'œuvre féminine selon l'état matrimonial se rapproche de celui de la main-d'œuvre masculine, cette dernière comptant toutefois une proportion nettement moindre de divorcés, séparés ou veufs (5,9 %, comparativement à 10,4 %).

Alors qu'en 1981, la majorité de la main-d'œuvre féminine était formée de femmes sans enfants (57,2 %), en 1991, la main-d'œuvre féminine se répartit presque également entre les femmes sans enfants (51,4 %) et celles avec enfants (48,6 %) (tableau 4.9). Notons que l'augmentation de la main-d'œuvre féminine avec enfants est surtout attribuable à la hausse importante du nombre de femmes avec enfants de 6 ans ou plus.

Tableau 4.7
**Répartition de la main-d'œuvre selon le groupe d'âge et le sexe, Québec, 1981 et 1993**

| Groupe d'âge | 1981 | | | 1993 | | |
|---|---|---|---|---|---|---|
| | Femmes % | Hommes % | Taux de féminité | Femmes % | Hommes % | Taux de féminité |
| 15-24 | 29,7 | 22,7 | 46,2 | 16,4 | 14,8 | 47,0 |
| 25-34 | 29,4 | 28,5 | 40,3 | 28,5 | 27,7 | 45,1 |
| 35-44 | 19,8 | 21,0 | 38,0 | 29,3 | 27,5 | 45,9 |
| 45-54 | 13,5 | 16,3 | 35,1 | 18,9 | 20,0 | 43,1 |
| 55-64 | 6,6 | 10,2 | 29,7 | 6,3 | 8,7 | 36,5 |
| 65 ou plus | 1,0 | 1,3 | 33,3 | 0,6 | 1,3 | 27,3 |
| Total | 100,0 | 100,0 | | 100,0 | 100,0 | |
| **Total N** | **1 200 000** | **1 837 000** | **39,5** | **1 511 000** | **1 893 000** | **44,4** |

Source : Statistique Canada, *Moyennes annuelles de la population active*, catalogue 71-529, tableau 2 et catalogue 71-220, tableau 2.

Tableau 4.8
**Répartition de la main-d'œuvre selon l'état matrimonial et le sexe, Québec, 1981 et 1993**

| État matrimonial | 1981 | | | 1993 | | |
|---|---|---|---|---|---|---|
| | Femmes % | Hommes % | Taux de féminité | Femmes % | Hommes % | Taux de féminité |
| Célibataires | 33,1 | 27,1 | 44,4 | 24,2 | 26,7 | 41,9 |
| Mariés* | 58,7 | 69,3 | 35,6 | 65,4 | 67,4 | 43,7 |
| Divorcés, séparés et veufs | 8,2 | 3,6 | 59,8 | 10,4 | 5,9 | 58,4 |
| **Total** | **100,0** | **100,0** | **39,5** | **100,0** | **100,0** | **44,4** |

Source : *Op. cit.*, tableaux 4.
* Mariés : vivant en couple.

Tableau 4.9
**Répartition de la main-d'œuvre féminine selon la présence d'enfants et leur âge, Québec, 1981 et 1991**

| Présence et âge des enfants | 1981 % | 1991 % |
|---|---|---|
| Sans enfants | 57,2 | 51,4 |
| Avec enfants | 42,8 | 48,6 |
| Au moins un enfant de 0-5 ans | . . . . . 15,6 | . . . . . 15,8 |
| Tous les enfants de 6 ans ou plus | . . . . . 27,2 | . . . . . 32,8 |
| Total | 100,0 | 100,0 |
| **Total N** | **1 191 385** | **1 553 195** |

Source : Statistique Canada, recensements de 1981 et de 1991.

### Pour en savoir plus

Statistique Canada, *Activité des femmes selon la présence d'enfants*, catalogue 93-325.

Motard Louise et Camille Tardieu, *Les femmes ça compte*, Conseil du statut de la femme, Les Publications du Québec, Québec, 1990, 262 p.

# Marché du travail :
# les groupes professionnels

Une des principales caractéristiques de la main-d'œuvre féminine est la forte concentration de ses membres dans quelques groupes professionnels et leur quasi-absence de plusieurs autres groupes. Ainsi, en 1991 comme en 1981, environ le tiers des femmes sont des employées de bureau, approximativement 15 % sont des travailleuses spécialisées dans les services, et près de 10 % sont des travailleuses de la santé (tableau 4.10). Par contre, au cours de ces deux années, la proportion de femmes qui sont, par exemple, des employées d'usines, des travailleuses du bâtiment ou encore qui appartiennent au personnel d'exploitation des transports, est inférieure à 1 %.

Des changements sont tout de même apparus de 1981 à 1991, décennie qui a vu s'accroître de façon importante la main-d'œuvre féminine : les plus fortes hausses du nombre de travailleuses ont, en effet, été observées dans deux groupes professionnels traditionnellement masculins. Ainsi, les directrices, gérantes et administratrices ont vu leur nombre passer de 60 565 à 160 045, soit une augmentation de 164,3 % et le nombre de travailleuses en sciences naturelles, en génie et en mathématiques a augmenté de 122,1 % (14 305 à 31 775). Il en découle qu'en 1991, 10,5 % des femmes sont des directrices, gérantes et administratrices, comparativement à 5,2 % en 1981 et que la proportion de travailleuses en sciences naturelles, en génie et en mathématiques a presque doublé entre ces deux années (2,1 % comparativement à 1,2 %).

Par ailleurs, alors que 14 groupes professionnels sur 18 ont connu une hausse du nombre de femmes, 4 ont vu celui-ci diminuer. Les travailleuses dans la fabrication, le montage et la réparation de produits ont connu la plus forte baisse, leur nombre chutant de 19,1 %. Les employées d'usines, les travailleuses des industries de transformation et les manutentionnaires sont également moins nombreuses en 1991 qu'en 1981. Enfin, on constate que si les femmes ont vu leur proportion augmenter dans presque tous les groupes professionnels entre 1981 et 1991, elles demeurent fortement sous-représentées (moins de 40 %) dans 11 groupes sur 18, particulièrement parmi les travailleurs du bâtiment (taux de féminité : 2,4 %), les employés d'usines (4,5 %) et les travailleurs d'exploitation des transports (5,6 %).

Tableau 4.10
**Main-d'œuvre selon le groupe professionnel et le sexe, et taux de féminité par groupe professionnel, Québec, 1981 et 1991**

| Groupe professionnel | Femmes | | Variation | Femmes | | Hommes | Taux de féminité | |
|---|---|---|---|---|---|---|---|---|
| | 1981 N | 1991 N | 1991-1981 % | 1981 % | 1991 % | 1991 % | 1981 % | 1991 % |
| Directrices, gérantes et administratrices | 60 565 | 160 045 | 164,3 | 5,2 | 10,5 | 14,4 | 22,9 | 36,6 |
| Trav. en sc. naturelles, en génie et en mathématiques | 14 305 | 31 775 | 122,1 | 1,2 | 2,1 | 5,8 | 15,6 | 22,1 |
| Trav. des sciences sociales (1) | 28 865 | 43 120 | 49,4 | 2,5 | 2,8 | 1,8 | 49,1 | 55,9 |
| Enseignantes et personnel assimilé | 84 590 | 94 315 | 11,5 | 7,3 | 6,2 | 3,1 | 59,4 | 61,6 |
| Trav. en médecine et santé | 106 370 | 143 660 | 35,1 | 9,1 | 9,5 | 2,4 | 73,6 | 75,9 |
| Trav. des domaines artistiques et littéraires | 18 160 | 29 290 | 61,3 | 1,6 | 1,9 | 2,2 | 35,4 | 41,2 |
| Employées de bureau | 422 600 | 494 275 | 17,0 | 36,3 | 32,6 | 7,4 | 74,4 | 77,7 |
| Trav. de la vente | 92 400 | 130 080 | 40,8 | 7,9 | 8,6 | 9,1 | 36,0 | 42,6 |
| Trav. spéc. dans les services | 165 635 | 227 280 | 37,2 | 14,2 | 15,0 | 10,7 | 46,9 | 52,4 |
| Trav. des secteurs primaires | 14 195 | 17 555 | 23,7 | 1,2 | 1,2 | 4,3 | 12,6 | 17,5 |
| Trav. des industries de transformation | 27 935 | 27 505 | -1,5 | 2,4 | 1,8 | 5,2 | 18,9 | 21,6 |
| Travailleuses d'usines et domaines connexes | 3 205 | 3 025 | -5,6 | 0,3 | 0,2 | 3,3 | 4,2 | 4,5 |
| Trav. dans la fabrication, le montage et la réparation de produits | 94 730 | 76 600 | -19,1 | 8,1 | 5,0 | 9,6 | 32,2 | 29,2 |
| Trav. du bâtiment | 2 655 | 4 495 | 69,3 | 0,2 | 0,3 | 9,6 | 1,6 | 2,4 |
| Personnel d'exploitation des transports | 4 400 | 6 815 | 54,9 | 0,4 | 0,4 | 5,9 | 3,6 | 5,6 |
| Manutentionnaires et trav. assimilés | 12 905 | 12 615 | -2,2 | 1,1 | 0,8 | 2,2 | 24,8 | 23,0 |
| Autres ouvriers qualifiés et conducteurs de machines | 8 315 | 9 485 | 14,1 | 0,7 | 0,6 | 1,7 | 20,5 | 22,9 |
| Trav. non classées ailleurs | 2 870 | 5 430 | 89,2 | 0,2 | 0,4 | 1,3 | 12,8 | 18,7 |
| **Total** | **1 164 700** | **1 517 365** | **30,3** | **100,0** | **100,0** | **100,0** | **39,3** | **44,1** |

(1) Y compris les membres du clergé faisant partie de la main-d'œuvre.

Sources : Statistique Canada, pour 1981, *Population, caractéristiques économiques*, Québec et, pour 1991, *Professions*, catalogue 93-327, tableau 1.

## *Pour en savoir plus*

Statistique Canada, *Moyennes annuelles de la population active*, catalogue 71-220.

Rochette, Maude et autres, *L'équité en emploi pour les femmes*, Conseil du statut de la femme, Québec, 1993, 157 p.

# Marché du travail :
# les secteurs d'activité économique

La main-d'œuvre féminine se distingue de la main-d'œuvre masculine par sa distribution entre les industries de biens et celles de services ; en 1991, 81,2 %, des femmes travaillent dans les industries de services et 18,1 % dans les industries de biens, alors que ces proportions sont de 57,5 % et 42,5 % pour les hommes (tableau 4.11). Cette tendance des femmes à travailler dans les industries de services s'est par ailleurs renforcée de 1981 à 1991 (78,4 % à 81,2 %), même si le nombre de travailleuses dans la plupart des industries de biens a augmenté. Notons que la grande majorité des femmes travaillant dans les industries de biens se trouvent dans les industries manufacturières (190 170 en 1991), industries qui subissent un certain déclin depuis quelques décennies.

Les femmes ont également vu leur nombre s'accroître dans presque toutes les industries de services, à l'exception des services immobiliers et des agences d'assurances. L'industrie qui a connu la plus forte croissance (89,6 %) est celle des services aux entreprises, le nombre de femmes y ayant presque doublé (42 445 à 80 470). Les industries des intermédiaires financiers et des assurances, des services de santé et des services sociaux et des commerces de détail, dans lesquelles se trouvaient déjà en 1981 un très grand nombre de travailleuses, ont, pour leur part, vu le nombre de femmes augmenter d'environ 40 %.

La proportion de femmes s'est accrue dans toutes les industries, y compris dans celles où leur nombre a diminué. La représentation des femmes a particulièrement augmenté en agriculture (taux de féminité : 22,1 % en 1981 à 33,3 % en 1991), dans les autres activités du secteur primaire (6,6 % à 11,8 %), dans la construction (8,6 % à 12,1 %) et dans les services gouvernementaux (35,3 % à 41,7 %). Malgré cela, les femmes demeurent nettement sous-représentées dans l'ensemble des industries de biens (taux de féminité variant de 11,8 % à 33,3 %).

***Pour en savoir plus***

Statistique Canada, *Moyennes annuelles de la population active*, catalogue 71-220.

Paquette, Louise, *La situation socio-économique des Québécoises*, Secrétariat à la condition féminine, Les Publications du Québec, Québec, 1989, 154 p.

Motard, Louise et Camille Tardieu, *Les femmes ça compte*, Conseil du statut de la femme, Les Publications du Québec, Collection Réalités féminines, Québec, 1990, 263 p.

Tableau 4.11
**Main-d'œuvre selon le secteur d'activité économique et le sexe, et taux de féminité par secteur d'activité économique, Québec, 1981 et 1991**

| Secteur d'activité économique | Femmes | | | Femmes | | Hommes | Taux de féminité | |
|---|---|---|---|---|---|---|---|---|
| | 1981 N | 1991 N | Variation 1991-1981 % | 1981 % | 1991 % | 1991 % | 1981 % | 1991 % |
| Industries des biens | | | | 21,6 | 18,1 | 42,5 | | |
| Agriculture | 17 245 | 28 225 | 63,7 | 1,5 | 1,9 | 3,0 | 22,1 | 33,3 |
| Autres activités du secteur primaire | 3 940 | 6 290 | 59,6 | 0,3 | 0,4 | 2,4 | 6,6 | 11,8 |
| Industries manufacturières | 195 735 | 190 170 | -2,8 | 16,8 | 12,5 | 21,8 | 29,5 | 31,2 |
| Industries de la construction | 13 275 | 25 280 | 90,4 | 1,1 | 1,7 | 9,5 | 8,6 | 12,1 |
| Transport et entreposage | 21 440 | 24 370 | 13,7 | 1,8 | 1,6 | 5,8 | 15,0 | 17,8 |
| Industries des services | | | | 78,4 | 81,2 | 57,5 | | |
| Communications et autres serv. publics | 32 245 | 40 085 | 24,3 | 2,8 | 2,6 | 4,0 | 32,5 | 34,6 |
| Commerce de gros | 36 565 | 45 280 | 23,8 | 3,1 | 3,0 | 5,4 | 27,1 | 30,6 |
| Commerce de détail | 154 025 | 214 590 | 39,3 | 13,2 | 14,1 | 12,4 | 43,7 | 47,4 |
| Intermédiaires financiers et des assurances | 70 560 | 101 545 | 43,9 | 6,1 | 6,7 | 2,5 | 65,1 | 67,5 |
| Services immobiliers et agences d'assurances | 19 290 | 19 075 | -1,1 | 1,7 | 1,3 | 1,2 | 46,1 | 46,3 |
| Services aux entreprises | 42 445 | 80 470 | 89,6 | 3,6 | 5,3 | 5,3 | 39,1 | 44,1 |
| Services gouvernementaux | 78 515 | 106 310 | 35,4 | 6,7 | 7,0 | 7,7 | 35,3 | 41,7 |
| Enseignement | 121 660 | 140 880 | 15,8 | 10,4 | 9,3 | 4,8 | 57,3 | 60,3 |
| Services de santé et services sociaux | 173 655 | 246 030 | 41,7 | 14,9 | 16,2 | 4,3 | 72,0 | 74,7 |
| Hébergement et restauration | 91 500 | 124 480 | 36,0 | 7,9 | 8,2 | 4,7 | 55,1 | 57,9 |
| Autres services | 92 605 | 124 285 | 34,2 | 8,0 | 8,2 | 5,2 | 52,3 | 55,3 |
| **Total** | **1 164 700** | **1 517 365** | **30,3** | **100,0** | **100,0** | **100,0** | **39,3** | **44,1** |

Sources : Statistique Canada, pour 1981, *Population, caractéristiques économiques, Québec*, catalogue 93-965, tableau 16, et pour 1991, *Industrie et catégorie de travailleurs*, catalogue 93-326, tableau 1.

# Marché du travail :
# le travail à temps partiel

Les récessions, la tertiarisation et la restructuration de l'économie ont amené de profondes transformations du marché du travail. Pensons notamment à la diversification des formes d'emploi et à l'émergence de nouveaux régimes de travail plus flexibles et, généralement de nature plus précaire. Parmi ces nouvelles formes d'emploi qu'on qualifie d'atypiques, la plus répandue est le travail à temps partiel. En 1993, près du quart des femmes en emploi travaillent à temps partiel, comparativement à 9,1 % des hommes (tableau 4.12). Ces proportions sont nettement plus importantes que celles enregistrées en 1976, soit 14,4 % pour les femmes et 3,5 % pour les hommes. Ce type d'emploi s'est donc considérablement développé au détriment de l'emploi à temps plein, et ce, particulièrement dans le secteur des services où les femmes sont surreprésentées.

Même si le nombre d'hommes travaillant à temps partiel s'est beaucoup élevé depuis 1976 (de 56 000 à 149 000), le travail à temps partiel demeure, en 1993, surtout une affaire de femmes. En effet, comme en 1976, on constate que, parmi 10 personnes qui travaillent à temps partiel, 7 sont des femmes (tableau 4.13).

De moins en moins de femmes choisissent d'elles-mêmes d'occuper un emploi à temps partiel (tableau 4.14). Aussi, alors qu'en 1976, 16,5 % des femmes qui travaillaient à temps partiel le faisaient parce qu'elles ne trouvaient pas d'emploi à temps plein, cette proportion est de 41,9 % en 1993, soit, en chiffres absolus, 132 404 femmes. D'autre part, alors qu'à une époque, le temps partiel a facilité l'insertion des femmes dans le monde du travail parce qu'il leur permettait de concilier vie familiale et activité professionnelle, il semble que le besoin ne soit plus le même aujourd'hui. En effet, moins de femmes choisissent le travail à temps partiel en raison d'obligations personnelles ou familiales (7,3 % ou 26 838 en 1993, comparativement à 21,3 % ou 23 068 en 1976). Le tableau 4.15 montre d'ailleurs que si, en 1981, le temps partiel était plus populaire auprès des mères avec enfants de moins de 16 ans qu'auprès de celles sans enfants de ce groupe d'âge, ce n'est plus le cas en 1993. La proportion de mères qui occupent un emploi à temps partiel est sensiblement la même, qu'elles aient des enfants de moins de 16 ans ou non, soit environ 20 %.

Tableau 4.12
**Répartition de la main-d'œuvre en emploi selon le type d'emploi et le sexe, Québec, 1976-1993**

| Année | Femmes | | Hommes | |
|---|---|---|---|---|
| | Temps partiel % | Temps plein % | Temps partiel % | Temps plein % |
| 1976 | 14,4 | 85,6 | 3,5 | 96,5 |
| 1981 | 20,0 | 80,0 | 5,5 | 94,5 |
| 1986 | 23,3 | 76,7 | 7,4 | 92,6 |
| 1991 | 22,9 | 77,1 | 8,5 | 91,5 |
| 1993 | 23,8 | 76,2 | 9,1 | 90,9 |

Source : Statistique Canada, *Moyennes annuelles de la population active*, catalogue 71-529, tableau 18 et catalogue 71-220, tableau 18.

Tableau 4.13
**Nombre de personnes en emploi à temps partiel selon le sexe et taux de féminité de la main-d'œuvre à temps partiel, Québec, 1976-1993**

| Année | Femmes N | Hommes N | Taux de féminité |
|---|---|---|---|
| 1976 | 126 000 | 56 000 | 69,2 |
| 1981 | 214 000 | 92 000 | 69,9 |
| 1986 | 275 000 | 122 000 | 69,3 |
| 1991 | 304 000 | 141 000 | 68,3 |
| 1993 | 316 000 | 149 000 | 68,0 |

Source : *Ibid*.

Tableau 4.14
**Répartition des personnes en emploi à temps partiel selon la raison donnée pour occuper ce genre d'emploi et le sexe, Québec, 1976 et 1993**

| Raison du travail à temps partiel | Femmes | | Hommes | |
|---|---|---|---|---|
| | 1976 % | 1993 % | 1976 % | 1993 % |
| Obligations personnelles ou familiales | 21,3 | 7,3 | 0,0 | 0,1 |
| Études | 20,5 | 21,7 | 55,3 | 41,2 |
| Manque de travail à temps plein | 16,5 | 41,9 | 17,9 | 43,2 |
| Refus de travailler à temps plein | 37,8 | 29,1 | 17,9 | 12,8 |
| Autres raisons | 3,9 | 0,0 | 8,9 | 2,7 |
| **Total** | **100,0** | **100,0** | **100,0** | **100,0** |

Source : *Ibid*. Tableau 19.

Tableau 4.15

**Proportion des mères en emploi à temps partiel selon la présence d'enfants de moins de 16 ans, Québec, 1981, 1988 et 1993**

| Année | Avec enfants de moins de 16 ans | | Sans enfants de moins de 16 ans |
|---|---|---|---|
| | De 0 à 5 ans % | De 6 à 15 ans % | % |
| 1981 | 25,5 | 25,5 | 15,0 |
| 1988 | 30,3 | 26,2 | 17,5 |
| 1993 | 21,8 | 22,3 | 19,0 |

Source : Statistique Canada, pour 1981 et 1988, données non publiées de l'*Enquête sur la population active*, et, pour 1993, *Moyennes annuelles de la population active*, catalogue 71-220, tableau 8A.

### Pour en savoir plus

Krahn, Harvey, « Les régimes de travail non standard », L'emploi et le revenu en perspective, Statistique Canada, Ottawa, vol. 3, n° 4, hiver 1991, p. 41-51.

# Marché du travail :
## les catégories professionnelles

En 1993, 9 femmes sur 10 sont des salariées : 73,3 % font partie du secteur privé et 17,4 %, du secteur public (tableau 4.16). Parmi les autres travailleuses, 8,5 % travaillent à leur compte et 0,8 % sont des travailleuses familiales non rémunérées, c'est-à-dire qui travaillent sans rémunération dans une entreprise ou une ferme exploitée par un parent avec qui elles vivent ou appartenant à ce dernier. Les catégories de travailleurs se répartissent différemment, selon qu'il s'agit d'hommes ou de femmes. Ainsi, la proportion de femmes salariées est plus élevée que celle des hommes (90,7 % et 81,3 %), et ce, tant dans le secteur privé (73,3 % et 65,9 %) que public (17,4 % et 15,4 %). À l'inverse, le pourcentage de travailleurs indépendants est nettement plus fort chez les hommes (18,6 % comparativement à 8,5 %), particulièrement lorsque l'entreprise est constituée en société (8,6 % et 2 %).

Entre 1981 et 1993, on note pour les deux sexes une augmentation de la proportion des travailleurs indépendants ou autonomes. Toutefois, alors que, du côté des femmes, cette hausse s'est produite aux dépens des travailleuses familiales non rémunérées, chez les hommes, ce sont les salariés qui ont vu leur proportion diminuer. La représentation des femmes s'est pour sa part accrue pour toutes les catégories professionnelles, sauf les travailleuses familiales non rémunérées ; le taux de féminité a particulièrement augmenté pour les salariés du secteur public (37,5 % à 47,9 %) et pour les travailleurs autonomes dont l'entreprise n'est pas constituée en société (26,5 % à 34,7 %).

Le tableau 4.17 donne une idée plus précise de l'évolution des travailleuses indépendantes. On y constate que, parmi celles-ci, ce sont les femmes dont l'entreprise est constituée en société et qui n'ont pas d'aide rémunérée qui ont vu leur nombre augmenter le plus au cours des dernières années ; celui-ci est en effet passé de 3 725 en 1986 à 11 315 en 1991, soit une hausse de 203,8 %. Elles sont suivies par les travailleuses indépendantes dont l'entreprise est également constituée en société, mais qui ont des employés rémunérés, leur nombre ayant augmenté de 60,9 %. Malgré ces progressions importantes, les travailleuses indépendantes dont l'entreprise n'est pas constituée en société et qui n'ont pas d'aide rémunérée continuent à former, en 1991, le groupe le plus nombreux parmi les travailleuses indépendantes (37 610).

Tableau 4.16
**Main-d'œuvre en emploi selon la catégorie de travailleurs et le sexe, Québec, 1981 et 1993**

| Catégorie de travailleurs | 1981 | | | 1993 | | |
|---|---|---|---|---|---|---|
| | Femmes % | Hommes % | Taux de féminité | Femmes % | Hommes % | Taux de féminité |
| Travailleurs rémunérés | | | | | | |
| du secteur privé | 73,7 | 67,0 | 41,4 | 73,3 | 65,9 | 47,5 |
| du secteur public | 17,3 | 18,5 | 37,5 | 17,4 | 15,4 | 47,9 |
| Travailleurs indépendants | | | 21,5 | | | 27,2 |
| entreprise constituée en société | 0,9 | 5,0 | 12,1 | 2,0 | 8,6 | 16,2 |
| entreprise non constituée en société | 5,0 | 8,9 | 26,5 | 6,5 | 10,0 | 34,7 |
| Travailleurs familiaux non rémunérés | 3,1 | 0,6 | 78,6 | 0,8 | 0,3 | 73,3 |
| Total | 100,0 | 100,0 | – | 100,0 | 100,0 | – |
| **Total N (en milliers)** | **1 065** | **1 658** | **39,1** | **1 328** | **1 632** | **44,9** |

Source : Statistique Canada, *Moyennes annuelles de la population active*, catalogue 71-529, tableau 13 et catalogue 71 220, tableau 13

Tableau 4.17
**Évolution du nombre de travailleuses indépendantes selon certaines caractéristiques, Québec, 1986 et 1991**

| Travailleuses indépendantes | 1986 N | 1991 N | Variation 1991-1986 % | Taux de féminité | |
|---|---|---|---|---|---|
| | | | | 1986 % | 1991 % |
| Entreprise constituée en société | 14 045 | 27 930 | 98,0 | 16,1 | 22,9 |
| avec aide rémunérée | 10 325 | 16 615 | 60,9 | 15,3 | 20,9 |
| sans aide rémunérée | 3 725 | 11 315 | 203,8 | 18,5 | 26,6 |
| Entreprise non constituée en société | 36 640 | 53 550 | 46,2 | 21,8 | 29,2 |
| avec aide rémunérée | 11 500 | 15 945 | 38,7 | 18,2 | 23,8 |
| sans aide rémunérée | 25 140 | 37 610 | 49,6 | 24,0 | 32,4 |
| **Total** | **50 685** | **81 480** | **60,8** | **19,8** | **26,7** |

Source : Statistique Canada, *Industries et catégories de travailleurs*, catalogue 93-326, tableau 2.

# Marché du travail : le chômage

Les taux de chômage féminin et masculin ont varié passablement de 1975 à 1993, reflétant ainsi les hauts et les bas de la situation économique (graphique 4A). Jusqu'en 1990, les femmes ont connu un taux de chômage supérieur à celui des hommes, l'écart s'amenuisant lors de la récession de 1982-1983, et s'accroissant de nouveau par la suite. En 1990, le taux de chômage est le même pour les deux sexes (10,1 %) et, depuis 1991, le taux masculin dépasse le taux féminin : il est de 13,1 % en 1993, comparativement à 12,1 % pour celui des femmes. La croissance plus rapide du chômage masculin depuis 1990 s'explique en partie par le fait que les mises à pied résultant de la récession ont d'abord touché les emplois manufacturiers où les hommes sont plus nombreux. De plus, les femmes se sortiraient relativement mieux de l'actuelle récession parce qu'elles acceptent davantage que les hommes d'occuper des emplois précaires, à temps partiel et peu rémunérés. En effet, selon Statistique Canada, de janvier 1990 à octobre 1992, les Québécois ont perdu 90 000 emplois, surtout à temps plein, alors que les Québécoises en ont gagné 13 000, surtout à temps partiel.

En 1993, la majorité (64,5 %) des femmes en chômage ont été mises à pied ou ont perdu leur emploi (tableau 4.18) ; d'autres, qui se cherchent activement du travail, avaient quitté leur dernier emploi pour aller étudier (4,9 %), parce qu'elles étaient malades (3,8 %) ou encore pour remplir des obligations personnelles ou familiales (3,3 %). Les chômeuses comptent également des proportions non négligeables de femmes sans emploi depuis 5 ans (6,6 %) ou qui n'ont jamais travaillé (4,9 %). Notons que la proportion de femmes mises à pied ou qui ont perdu leur emploi est nettement plus élevée en 1993 qu'en 1976 (64,5 % comparativement à 49,4 %). À l'inverse, en 1993, il y a trois fois moins de femmes qui quittent leur emploi pour remplir des obligations personnelles ou familiales qu'en 1976 (3,3 % comparativement à 11 %).

Même si, chez les femmes, le chômage affecte principalement celles qui sont âgées de 15 à 19 ans et, dans une moindre mesure, celles de 20 à 24 ans et de 55 à 64 ans (tableau 4.19), les chômeuses se retrouvent principalement dans les groupes d'âge des 25 à 34 ans (26,4 %) et de 35 à 44 ans (26,9 %). Les femmes de 15 à 24 ans forment, pour leur part, 21,9 % des chômeuses et celles de

55 à 64 ans, 7,2 %. Par ailleurs, bien qu'elle soit particulièrement touchée par le chômage, la main-d'œuvre féminine de 15 à 24 ans l'est moins que la main-d'œuvre masculine de ce groupe d'âge.

Graphique 4A
**Taux de chômage selon le sexe, Québec, 1975-1993**

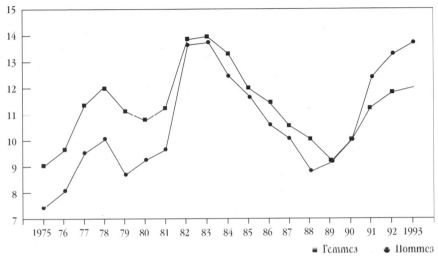

Source : Statistique Canada, *Moyennes annuelles de la population active*, catalogue 71-529 pour 1975 à 1988 et catalogue 71-001 pour 1989 à 1993.

Tableau 4.18
**Répartition des femmes au chômage selon la raison donnée pour avoir quitté le dernier emploi, Québec, 1976, 1986 et 1993**

| Raison donnée | 1976 % | 1986 % | 1993 % |
|---|---|---|---|
| Mise à pied ou perte d'emploi | 49,4 | 56,3 | 64,5 |
| Obligations personnelles ou familiales | 11,0 | 7,4 | 3,3 |
| Jamais travaillé | 8,8 | 7,4 | 4,9 |
| Sans travail depuis 5 ans | — | 5,2 | 6,6 |
| Retour à l'école | 5,5 | 4,4 | 4,9 |
| Maladie | 5,5 | 3,7 | 3,8 |
| Autres raisons | 19,8 | 15,6 | 12,0 |
| **Total** | **100,0** | **100,0** | **100,0** |

Source : *Ibid.*

Tableau 4.19

**Répartition des personnes en chômage et taux de chômage selon l'âge et le sexe, Québec, 1993**

| Groupe d'âge | Personnes en chômage | | Taux de chômage | |
|---|---|---|---|---|
| | Femmes % | Hommes % | Femmes % | Hommes % |
| 15-19 ans | 10,4 | 10,1 | 20,3 | 25,5 |
| 20-24 | 11,5 | 13,6 | 13,7 | 20,0 |
| 25-34 | 26,4 | 29,1 | 11,1 | 14,4 |
| 35-44 | 26,9 | 23,2 | 11,1 | 11,4 |
| 45-54 | 17,6 | 16,3 | 11,2 | 11,2 |
| 55-64 | 7,2 | 7,7 | 13,6 | 11,9 |
| 65 ou plus | 0,0 | 0,0 | – | – |
| **Total** | **100** | **100** | **12,1** | **13,1** |

Source : Statistique Canada, *Moyennes annuelles de la population active*, catalogue 71-220, tableau 2.

# Marché du travail :
# les mères, seules ou conjointes, et l'emploi

Si les mères font davantage partie de la main-d'œuvre qu'auparavant, leur participation au marché du travail diffère selon qu'elles ont un conjoint ou non, et ce, particulièrement lorsqu'elles ont un enfant d'âge préscolaire. Ainsi, 39 % des mères seules avec au moins un enfant de moins de 6 ans font partie de la main-d'œuvre, comparativement à 65,5 % des mères avec un conjoint (graphique 4B). Lorsque les enfants sont plus âgés, le taux d'activité des mères seules, quoique moins élevé que celui des conjointes, s'en rapproche beaucoup plus.

Par ailleurs, les mères seules qui font partie de la main-d'œuvre ont un taux de chômage plus élevé que les conjointes, quel que soit l'âge des enfants, mais particulièrement lorsque ceux-ci ont moins de 6 ans (graphique 4C). En effet, 21,4 % d'entre elles sont en chômage, comparativement à 8,9 % des conjointes ayant des enfants du même âge. Du reste, alors que, ce sont celles ayant des enfants de 0 à 5 ans qui ont le taux de chômage le plus élevé, c'est l'inverse qui se produit pour les conjointes : celles ayant des enfants de 0 à 5 ans ont le taux de chômage le moins élevé.

Bien que les conjointes fassent davantage partie de la main-d'œuvre que les mères seules et qu'elles occupent un emploi dans une proportion plus élevée, on constate qu'elles travaillent plus à temps partiel, et ce, quel que soit l'âge des enfants (graphique 4D) ; par exemple, 24,8 % des conjointes avec enfants de 6 à 15 ans travaillent à temps partiel, comparativement à 13,3 % des mères seules. La proportion de conjointes travaillant à temps partiel est également élevée lorsqu'elles ont un enfant de moins de 6 ans : 22,3 %, comparativement à 16,4 % des mères seules. On observe donc que la présence d'enfants affecte le lien des femmes avec le marché du travail de façon différente, selon qu'elles ont un conjoint ou non. Les mères seules sont davantage absentes du marché du travail et, lorsqu'elles font partie de la main-d'œuvre, elles sont davantage en chômage. Pour leur part, bien qu'elles détiennent généralement un emploi, les mères avec un conjoint travaillent plus à temps partiel.

Graphique 4B
**Taux d'activité des mères, seules ou conjointes, selon l'âge des enfants, Québec, 1993**

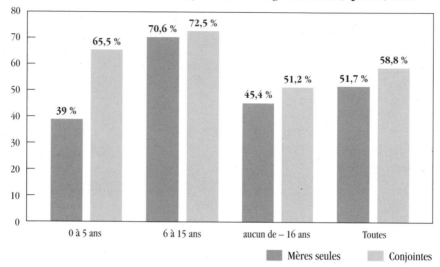

Source : Statistique Canada, *Moyennes annuelles de la population active*, catalogue 71-220, tableau 8A.

Graphique 4C
**Taux de chômage des mères, seules ou conjointes, selon l'âge des enfants, Québec, 1993**

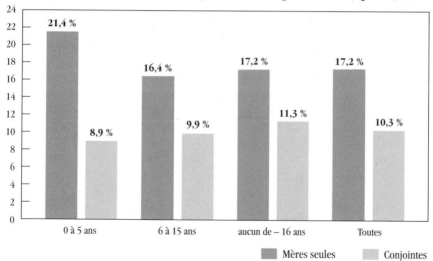

Source : *Ibid.*

Graphique 4D
**Pourcentage des mères en emploi à temps partiel, seules ou conjointes, selon l'âge des enfants, Québec, 1993**

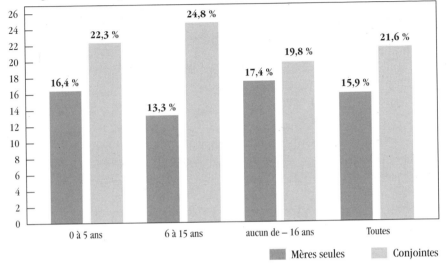

Source : *Ibid.*

## Marché du travail :
## les nouveaux parents au travail

La conciliation des responsabilités familiales et professionnelles constitue un enjeu majeur dans l'atteinte de l'autonomie économique des mères. La grande majorité des salariées bénéficient du droit de s'absenter du travail à l'occasion d'un accouchement et la plupart des nouvelles mères et des nouveaux pères peuvent prendre un congé parental pouvant aller jusqu'à 34 semaines.

Le remplacement du revenu des nouveaux parents n'est cependant que partiellement assuré durant ces périodes pour ceux qui ont droit au programme d'assurance-chômage. Ainsi, le tableau 4.20 fait état du nombre de travailleuses québécoises qui ont bénéficié de prestations de maternité en vertu du programme d'assurance-chômage et, par voie de conséquence, d'allocations de maternité versées par le gouvernement du Québec entre 1989-1990 et 1992-1993.

Le tableau 4.21 présente des données sur les prestations versées pour un congé parental ; ces prestations peuvent être attribuées pendant une période maximale de 10 semaines et le temps peut être partagé entre la mère et le père à leur convenance. On remarque que les congés parentaux sont pris par les mères dans des proportions qui varient de 92,5 % à 95,8 %. En plus du facteur socioculturel qui assigne encore aux mères la responsabilité première des très jeunes enfants, le facteur économique doit être pris en considération : en effet, les femmes ayant des salaires plus faibles que ceux des hommes, il est moins coûteux, pour les ménages, de suspendre une partie de la rémunération des femmes à l'occasion de la naissance d'un enfant.

Enfin, le tableau 4.22 montre que les pères semblent légèrement plus disposés à se prévaloir des avantages du programme d'assurance-chômage relatifs au congé parental dans les régions moins urbanisées. En effet, même si on constate de faibles variations dans le taux de féminité des bénéficiaires du programme, il est légèrement plus faible dans les régions qui comptent moins de centres urbains importants.

Tableau 4.20
**Bénéficiaires d'allocations de maternité, Québec, 1989-1990 à 1992-1993***

| 1989-1990 | 1990-1991 | 1991-1992 | 1992-1993 |
|---|---|---|---|
| 44 583 | 51 154 | 50 899 | 39 921 |

Sources : Ministère de la Main-d'œuvre, de la Sécurité du revenu et de la Formation professionnelle, *Rapport annuel*, 1989-1990, 1990-1991, 1991-1992 et 1992-1993.

* Les périodes correspondent à l'exercice financier du gouvernement du Québec, soit du 1er avril au 31 mars.

Tableau 4.21
**Nombre de bénéficiaires, selon le sexe, de prestations pour congé parental versées par le programme d'assurance-chômage du Canada, Québec, octobre 1990 à otobre 1993**

| Période | Femmes | Hommes | Taux de féminité |
|---|---|---|---|
| Oct. 1990 à oct. 1991 | 20 286 | 1 646 | 92,5 |
| Oct. 1991 à oct. 1992 | 25 154 | 2 077 | 92,4 |
| Oct. 1992 à oct. 1993 | 43 728 | 1 925 | 95,8 |

Source : Emploi et Immigration Canada, Direction des services informatiques.

Tableau 4.22
**Nombre de bénéficiaires, selon le sexe et la région, de prestations pour congé parental versées par le programme d'assurance chômage du Canada, Québec, octobre 1992 à octobre 1993**

| Région | Femmes | Hommes | Taux de féminité |
|---|---|---|---|
| Abitibi-Témiscamingue | 907 | 66 | 93,2 |
| Bas-Saint-Laurent | 946 | 42 | 95,7 |
| Côte-Nord | 532 | 28 | 95,0 |
| Estrie | 2 060 | 130 | 94,1 |
| Gaspésie | 378 | 25 | 93,8 |
| Île de Montréal | 9 750 | 315 | 96,9 |
| Laval–Laurentides | 8 440 | 376 | 95,7 |
| Mauricie–Bois-Francs | 1 789 | 133 | 93,1 |
| Montérégie | 8 962 | 350 | 96,2 |
| Outaouais | 2 308 | 71 | 97,0 |
| Québec | 6 208 | 308 | 95,3 |
| Saguenay–Lac-Saint-Jean | 1 346 | 78 | 94,5 |
| Région inconnue | 102 | 3 | 97,1 |

Source : *Ibid.*

# Marché du travail :
# la syndicalisation

On admet généralement que le fait d'être syndiqué contribue à une amélioration des conditions de travail ; on observe, entre autres, que le revenu moyen de la main-d'œuvre syndiquée est plus élevé que celui de la main-d'œuvre non syndiquée (en 1990, 24 945 $, comparativement à 18 113 $). Cependant, les femmes ne profitent pas en aussi grand nombre que les hommes des avantages liés à la syndicalisation parce que, globalement, elles sont moins syndiquées qu'eux. En effet, en 1990, le taux de syndicalisation de la main-d'œuvre féminine est de 33,5 %, comparativement à 41,4 % pour les hommes (tableau 4.23). Cet écart s'explique en partie par le fait que les femmes sont proportionnellement plus nombreuses à travailler dans le secteur des services privés (commerce, services financiers, services aux entreprises et services aux personnes). Or, ce secteur a le taux de syndicalisation le plus faible, notamment parce qu'il est en bonne partie constitué d'entreprises de petite taille (graphique 4E). Ainsi, comme le montrent les données du tableau 4.23, 13,7 % de la main-d'œuvre dans ce secteur est syndiquée en 1990, comparativement à 62,3 % dans le secteur public des services et à 43,3 % dans le secteur des biens.

Par ailleurs, on remarque que le taux de syndicalisation des femmes dans le secteur des biens et dans celui des services privés est plus faible que celui des hommes. On attribue cette situation au fait qu'elles occupent davantage que ceux-ci des emplois à temps partiel (en 1991, 23,8 % d'entre elles, comparativement à 9,1 % pour les hommes). Or, le taux de syndicalisation est nettement plus faible pour la main-d'œuvre travaillant à temps partiel (28,4 %) que pour celle travaillant à temps plein (39,9 %) (graphique 4F).

Tableau 4.23
**Taux de syndicalisation de la main-d'œuvre non agricole
selon le secteur d'activité et le sexe, Québec, 1990**

| Secteur d'activité | Femmes % | Hommes % | Total % |
|---|---|---|---|
| Secteur des biens | 30,4 | 47,9 | 43,3 |
| Secteur des services | | | |
| privés | 10,3 | 17,5 | 13,7 |
| publics et parapublics | 62,5 | 62,1 | 62,3 |
| **Tous les secteurs** | **33,5** | **41,4** | **37,8** |

Source : Statistique Canada, Compilations spéciales de données de l'*Enquête sur l'activité de 1990*.

Graphique 4E
**Taux de syndicalisation de la main-d'œuvre non agricole selon la taille de l'entreprise,
Québec, 1990**

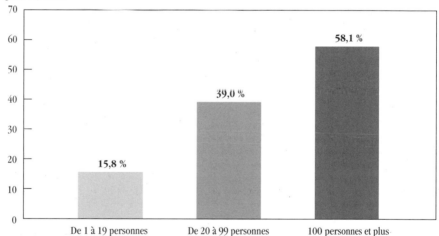

Source : *Ibid*.

Graphique 4F
**Taux de syndicalisation de la main-d'œuvre non agricole à temps plein
et à temps partiel, Québec, 1990**

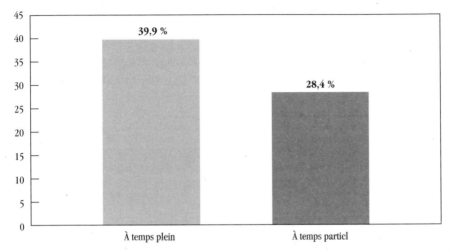

Source : *Ibid.*

## *Pour en savoir plus*

Bergeron, Jean-Guy, *La syndicalisation dans le secteur des services privés*, Conférence présentée au Colloque Gérard Picard sur les relations de travail, organisé par la CSN et tenu au Mont-Sainte-Anne en octobre 1991, 45 p.

Clemenson, Heather A., « La syndicalisation et les femmes dans le secteur des services », *L'emploi et le revenu en perspective*, Statistique Canada, vol. 1., n° 2, automne 1989, p. 33-49.

# Marché du travail : les absences au travail

Les absences au travail ont augmenté de façon importante ces derniè-res années ; en effet, les salariés canadiens à temps plein se sont absentés de leur travail en moyenne 9,4 jours en 1991 contre 7,4 en 1977 (tableau 4.24). Cette hausse découle surtout des absences pour raisons personnelles ou familiales, c'est-à-dire celles motivées notamment par le décès d'un parent, la maladie d'un enfant ou encore par des problèmes de garderie. En effet, alors que le nombre de jours d'absence en raison de maladie ou d'incapacité est demeuré presque inchangé (6,6 en 1991, comparativement à 6,3 en 1977), les journées d'absence en raison d'obligations personnelles ou familiales sont passées de 1,1 à 2,8 jours. Ce sont les femmes qui ont principalement vu le nombre d'absences attribuables à des obligations personnelles ou familiales augmenter : entre 1977 et 1991, ce nombre est passé de 1,9 à 5,6 jours alors que, chez les hommes, il a peu varié (0,7 et 0,9 jour).

En fait, sur une semaine normale de travail, les femmes sont deux fois plus susceptibles que les hommes de s'absenter du travail pour des raison d'obligations personnelles ou familiales : en effet, en 1991, 3 % de l'ensemble des femmes occupées, contre 1,2 % des hommes, se sont absentées du travail pour ces raisons (tableau 4.25). La présence de jeunes enfants influe fortement sur les absences des femmes, bien que les responsabilités financières de la famille soient de plus en plus réparties équitablement entre les conjoints. Ainsi, 11 % des conjointes ayant au moins un enfant de moins de 6 ans et 6 % des mères seules ayant des enfants du même âge ont manqué au travail en raison d'obligations personnelles ou familiales. Le taux d'absence diminue à environ 2 % pour les deux groupes lorsque les enfants sont âgés de 6 à 15 ans. Chez les pères, la présence de jeunes enfants a très peu d'effet sur le taux d'absence en raison d'obligations personnelles ou familiales : il est de 2 % lorsque les enfants sont d'âge préscolaire et de 1 % lorsqu'ils sont âgés de 6 à 15 ans.

Note : Le fait que le congé de maternité soit considéré comme faisant partie des obligations personnelles ou familiales explique en partie les taux d'absence élevés des femmes ayant des enfants d'âge préscolaire. Cependant, lorsque l'analyse des absences est limitée à celles de courte durée (partie de la semaine), on constate que ces femmes perdent quand même plus du double de jours de travail que celles qui n'ont pas d'enfants à charge.

Tableau 4.24

**Nombre moyen de jours d'absence par salarié à temps plein selon la principale raison et le sexe, Canada, 1977 et 1991**

| Année et sexe | Maladie ou incapacité | Obligations personnelles et familiales | Total |
|---|---|---|---|
| | N | N | N |
| Femmes | | | |
| 1977 | 6,7 | 1,9 | 8,6 |
| 1991 | 7,2 | 5,6 | 12,8 |
| Hommes | | | |
| 1977 | 6,1 | 0,7 | 6,8 |
| 1991 | 6,1 | 0,9 | 7,0 |
| Les deux sexes | | | |
| 1977 | 6,3 | 1,1 | 7,4 |
| 1991 | 6,6 | 2,8 | 9,4 |

Source : Enquête sur la population active, données compilées par Ernest B. Akyeampong.

Tableau 4.25

**Proportion des salariés à temps plein absents chaque semaine en raison d'obligations personnelles ou familiales, Canada, 1991**

| % de salariés absents | | | |
|---|---|---|---|
| Femmes | 3,0 | Hommes | 1,2 |
| Conjointes avec enfants de 0 à 5 ans | 11,0 | Pères avec enfants de 0 à 5 ans | 2,0 |
| Mères seules avec enfants de 0 à 5 ans | 6,0 | Pères avec enfants de 6 à 15 ans | 1,0 |
| Conjointes ou mères seules avec enfants de 6 à 15 ans | 2,0 | | |

Source : *Ibid.*

Graphique 4G

**Nombre moyen de jours d'absence chez les femmes en raison d'obligations personnelles ou familiales, selon la présence d'enfants, Canada, 1991**

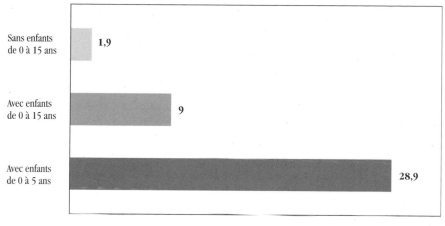

Source : *Ibid..*

## *Pour en savoir plus*

Akyeampong, Ernest B., « L'absentéisme : une mise à jour », *L'emploi et le revenu en perspective*, Statistique Canada, vol. 4, n° 1, printemps 1992, p. 48-58.

# Marché du travail :
# les personnes qui ne font pas partie
# de la main-d'œuvre

En 1993, 611 576 des femmes (47 %) qui ne font pas partie de la main-d'œuvre ont déjà occupé un emploi, mais pas au cours des cinq dernières années (graphique 4H). Viennent ensuite celles qui ont eu un emploi au cours des cinq dernières années (391 200) et, enfin, celles qui n'ont jamais été en emploi (301 224). Les hommes ne faisant pas partie de la main-d'œuvre sont principalement des personnes qui avaient un emploi au cours des cinq dernières années (358 656), qui en ont détenu un, mais pas depuis cinq ans (311 040) ou, enfin, qui n'en ont jamais eu (98 304).

Les raisons données par les personnes non incluses dans la main-d'œuvre pour avoir quitté leur emploi dans les cinq dernières années diffèrent selon le sexe (tableau 4.26). Ainsi, 13,3 % des femmes ont laissé leur emploi pour remplir des obligations personnelles ou familiales, alors qu'on ne retrouve pas cette raison chez les hommes. De plus, une proportion presque trois fois moins élevée de femmes que d'hommes (10,2 % comparativement à 27,2 %) ont quitté leur emploi pour prendre leur retraite. Enfin, le retour aux études et la maladie sont des motifs moins invoqués par les femmes que par les hommes, tandis qu'elles avancent davantage qu'eux la perte de leur emploi.

Une analyse plus détaillée des données sur la population active indique qu'un certain nombre des personnes qui ne font pas partie de la main-d'œuvre ont recherché un emploi dans les six mois précédant la semaine de référence (de l'enquête) ; en 1993, ce nombre s'élève à 73 000 pour les femmes et à 77 000 pour les hommes. Pour différentes raisons, elles ne cherchaient pas d'emploi pendant la semaine de référence : 11 % d'entre elles croyaient qu'il n'y avait pas de travail. Si ces personnes avaient été comptabilisées comme chômeuses plutôt que comme personnes exclues de la main-d'œuvre, le taux de chômage aurait été plus élevé que le taux officiel, et serait passé de 12,1 % à 16,2 %. Pour les hommes, ce taux serait passé de 13,8 % à 17,2 %.

Graphique 4H
**Personnes qui ne font pas partie de la main-d'œuvre selon le lien antérieur avec le marché du travail et le sexe, Québec, 1993**

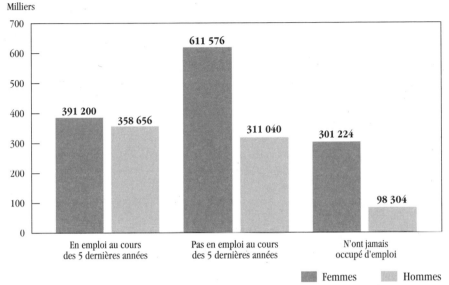

Source : Statistique Canada, *Moyennes annuelles de la population active*, catalogue 71-220, tableau 34.

Tableau 4.26
**Répartition des personnes qui ne font pas partie de la main-d'œuvre et qui ont occupé un emploi au cours des cinq dernières années, selon la raison donnée pour avoir quitté cet emploi et le sexe, Québec, 1993**

| Raison donnée | Femmes | Hommes |
|---|---|---|
| | % | % |
| Obligations personnelles ou familiales | 13,3 | 0,0 |
| Retour à l'école | 15,6 | 17,9 |
| Maladie | 8,7 | 11,2 |
| Ont perdu leur emploi | 38,9 | 37,0 |
| Ont pris leur retraite | 10,2 | 27,2 |
| Autres | 13,3 | 6,7 |
| **Total** | **100,0** | **100,0** |

Source : *Ibid.*

# Marché du travail :
# les accidents de travail et les maladies
# professionnelles

La santé et la sécurité au travail pour les femmes sont d'abord per-
çues sous l'angle de leur fonction reproductive. Il est toutefois de
plus en plus reconnu que l'ensemble des conditions de travail des
femmes comportent des risques pour leur santé et que l'adaptation
des équipements, des outils et des lieux de travail n'a pas toujours
accompagné la croissance de leur participation au marché de l'emploi. On peut aussi se demander dans quelle mesure le fait, pour
les travailleuses, d'assumer plus que leur part des tâches domestiques et familiales en plus de leur travail rémunéré influe sur leur
santé et leur sécurité au travail.

Les lésions professionnelles sont encore subies très majoritairement
par des hommes ; toutefois, la proportion de travailleuses victimes
de lésions professionnelles est en hausse. En effet, alors qu'en 1986,
les femmes représentaient 17,8 % des personnes indemnisées par la
CSST (38 100 femmes, comparativement à 176 040 hommes), en
1992, cette proportion atteignait 23,6 % (34 345 femmes, comparativement à 111 368 hommes) (tableau 4.27).

Les lésions professionnelles ont dans l'ensemble diminué, mais le
tableau 4.27 montre que cette baisse a été proportionnellement
beaucoup plus importante pour les hommes que pour les femmes.
La diminution du total des lésions est attribuable à une baisse des
accidents du travail, surtout pour les hommes (37,6 % comparativement à 14,3 %) ; en revanche, le nombre des indemnisations pour
des maladies professionnelles a été multiplié par 4,2 fois pour les
femmes et par 2,3 fois pour les hommes. De fait, les femmes, formant 44,9 % de la main-d'œuvre en emploi, sont plus souvent que
les hommes victimes de maladies professionnelles, puisqu'elles
représentent la moitié des personnes indemnisées pour ce type de
lésions.

Le tableau 4.28 indique, pour chaque secteur d'activité, la proportion de femmes parmi les victimes de lésions professionnelles dans
ces secteurs. En outre, il révèle que 63,2 % des travailleuses indemnisées en 1992 sont concentrées dans trois secteurs d'activité, secteurs où la main-d'œuvre féminine est assez concentrée, soit les
services médicaux, des services indéterminés et le commerce.

Tableau 4.27
**Répartition des lésions professionnelles avec indemnité selon la catégorie de lésions et le sexe, Québec, 1986 et 1992**

| Catégories de lésions | 1986 | | | 1992 | | |
|---|---|---|---|---|---|---|
| | Femmes | Hommes | Taux de féminité | Femmes | Hommes | Taux de féminité |
| Accidents du travail | 37 608 | 175 139 | 17,7 | 32 246 | 109 314 | 22,8 |
| Maladies professionnelles | 492 | 901 | 35,3 | 2 099 | 2 054 | 50,5 |
| **Total des catégories** | **38 100** | **176 040** | **17,8** | **34 345** | **111 368** | **23,6** |

Source : CSST, Service de la statistique.

Tableau 4.28
**Taux de féminité par secteur d'activité et répartition des travailleuses indemnisées selon les secteurs d'activité, Québec, 1992**

| Secteurs d'activité | Femmes | Hommes | Taux de féminité | Répartition des femmes |
|---|---|---|---|---|
| Bonneterie, habillement | 1 677 | 680 | 71,1 | 4,9 |
| Services médicaux | 11 146 | 6 212 | 64,2 | 32,5 |
| Finances | 707 | 831 | 46,0 | 2,1 |
| Industrie du cuir | 329 | 388 | 45,9 | 1,0 |
| Enseignement | 1 540 | 2 043 | 43,0 | 4,5 |
| Autres services | 5 042 | 9 067 | 39,2 | 17,0 |
| Industrie du tabac | 63 | 106 | 37,3 | 0,2 |
| Industrie du textile | 833 | 1 910 | 30,4 | 2,4 |
| Manufacturiers divers | 355 | 997 | 26,3 | 1,0 |
| Imprimerie | 438 | 1 279 | 25,5 | 1,3 |
| Produits du caoutchouc | 671 | 2 123 | 24,0 | 2,0 |
| Produits électriques | 377 | 1 405 | 21,2 | 1,1 |
| Indéterminé | 816 | 3 137 | 20,6 | 2,4 |
| Agriculture | 240 | 1 002 | 19,3 | 0,7 |
| Commerce | 4 705 | 19 916 | 19,1 | 13,7 |
| Aliments et boissons | 1 470 | 6 810 | 17,8 | 4,3 |
| Industrie chimique | 238 | 1 254 | 16,0 | 0,7 |
| Administration publique | 933 | 6 592 | 12,4 | 2,7 |
| Industrie du meuble | 218 | 2 206 | 9,0 | 0,6 |
| Transport entreposage | 513 | 5 841 | 8,1 | 1,5 |
| Industrie du papier | 188 | 2 340 | 7,4 | 0,5 |
| Communications | 239 | 3 222 | 6,9 | 0,7 |
| Produits du pétrole | 4 | 55 | 6,8 | 0,0 |
| Métaux non métalliques | 71 | 1 550 | 4,4 | 0,2 |
| Fabrication d'équipement de transport | 249 | 5 680 | 4,2 | 0,7 |
| Bois sans scieries | 103 | 2 501 | 4,0 | 0,3 |
| Produits en métal | 186 | 5 536 | 3,3 | 0,5 |
| 1re transformation des métaux | 54 | 2 273 | 2,3 | 0,2 |

Tableau 4.28 (suite)
**Taux de féminité par secteur d'activité et répartition des travailleuses indemnisées selon les secteurs d'activité, Québec, 1992**

| Secteurs d'activité | Femmes | Hommes | Taux de féminité | Répartition des femmes |
|---|---|---|---|---|
| Fabrication de machines | 43 | 2 359 | 1,8 | 0,1 |
| Forêt et scieries | 42 | 2 838 | 1,5 | 0,1 |
| Mines et carrières | 12 | 1 671 | 0,7 | 0,0 |
| Bâtiment, travaux publics | 43 | 7 497 | 0,6 | 0,1 |
| Chasse et pêche | 0 | 47 | 0,0 | 0,0 |
| **Ensemble des secteurs** | **34 345** | **111 368** | **23,6** | **100,00** |

Source : CSST, Service de la statistique

## *Pour en savoir plus*

Gervais, Michèle, *Bilan de santé des travailleurs québécois*, Montréal, Institut de recherche en santé et en sécurité du travail du Québec, 1993, 145 p.

# Marché du travail :
# la nature des lésions professionnelles

Le tableau 4.29 montre la nature des lésions subies par les femmes et les hommes. On remarquera que ce sont les foulures et les entorses occasionnées par des accidents de travail qui affectent le plus grand nombre de travailleuses et de travailleurs, les femmes étant, dans ce cas, proportionnellement plus souvent victimes que les hommes (40,8 %, comparativement à 34,3 % des hommes). Les contusions et les écrasements atteignent aussi une proportion notable de personnes, surtout parmi les hommes. En ce qui concerne les maladies professionnelles, 75 % des femmes indemnisées et 64,4 % des hommes souffrent de maladies du système musculo-squelettique.

Par ailleurs, une quinzaine de types de lésions occasionnées par les accidents, comme, par exemple, les maladies du système nerveux, les troubles psychologiques et les allergies, prédominent chez les femmes. D'un autre côté, les hommes sont plus souvent victimes que les femmes de flashes et d'arcs électriques, d'engelures et de gelures, de hernies, de chocs et d'électrocutions, d'amputations, d'écorchures ou de coupures et de conjonctivites.

Pour ce qui est des maladies professionnelles, les femmes sont deux fois plus susceptibles que les hommes de souffrir de maladies infectieuses. Par ailleurs, certaines maladies professionnelles restent le lot des hommes. C'est le cas de la surdité, qui affecte les hommes 53 fois plus que les femmes, et la pneumoconiose (16 fois). En outre, les hommes souffrent sept fois plus que les femmes d'intoxication.

On peut remarquer un certain parallèle entre les secteurs d'activité où sont concentrés les femmes, d'une part, et les hommes, d'autre part, et les incidences sur leur santé et leur sécurité au travail. En définitive, les différences dans la nature des lésions dont les unes et les autres sont le plus souvent victimes reflètent la ségrégation professionnelle.

Tableau 4.29
**Répartition et distribution des accidents de travail et des maladies professionnelles selon la nature des lésions ou des maladies et le sexe, Québec, 1992**

| Nature de la lésion | Distribution des accidents et des maladies | | | |
|---|---|---|---|---|
| | Femmes N | Hommes N | Femmes % | Hommes % |
| Accidents du travail | | | | |
| Amputation, énucléation | 19 | 227 | 0,06 | 0,21 |
| Brûlure | 928 | 2 085 | 2,88 | 1,91 |
| Choc, électrocution | 20 | 252 | 0,06 | 0,23 |
| Commotion, évanouissement | 23 | 89 | 0,07 | 0,08 |
| Déchirure interne | 125 | 685 | 0,39 | 0,63 |
| Contusion cérébrale | 2 | 6 | 0,01 | 0,01 |
| Choc nerveux | 245 | 237 | 0,76 | 0,22 |
| Contusion, écrasement | 4 835 | 18 221 | 14,99 | 16,67 |
| Lacération, déchirure | 2 129 | 11 159 | 6,60 | 10,21 |
| Menisectomie | 0 | 9 | 0,00 | 0,01 |
| Luxation, dislocation | 65 | 246 | 0,20 | 0,23 |
| Fracture | 1 151 | 5 877 | 3,57 | 5,38 |
| Hernie | 91 | 1 209 | 0,28 | 1,11 |
| Conjonctivite | 106 | 801 | 0,33 | 0,73 |
| Écorchure, coupure | 1 333 | 10 278 | 4,13 | 9,40 |
| Foulure, entorse | 13 150 | 37 445 | 40,78 | 34,25 |
| Blessures multiples | 319 | 851 | 0,99 | 0,78 |
| Douleur, céphalée | 3 189 | 7 559 | 9,89 | 6,91 |
| Brûlure chimique | 110 | 672 | 0,34 | 0,61 |
| Empoisonnement du sang | 23 | 21 | 0,07 | 0,02 |
| Dermatite | 57 | 156 | 0,18 | 0,14 |
| Allergie | 49 | 82 | 0,15 | 0,08 |
| Engelure, gelure | 2 | 31 | 0,01 | 0,03 |
| Surdité | 2 | 10 | 0,01 | 0,01 |
| Chaleur, insolation | 0 | 2 | 0,00 | 0,00 |
| Bursite | 275 | 980 | 0,85 | 0,90 |
| Synovite, tendinite | 2 111 | 4 262 | 6,55 | 3,90 |
| Arthrite, arthrose | 504 | 1 289 | 1,56 | 1,18 |
| Abcès, cellulite | 95 | 426 | 0,29 | 0,39 |
| Capsulite | 13 | 24 | 0,04 | 0,02 |
| Intoxication | 71 | 253 | 0,22 | 0,23 |
| Pharyngite, sinusite | 2 | 2 | 0,01 | 0,00 |
| Asthme, bronchite | 9 | 26 | 0,03 | 0,02 |
| Coup de soleil, radiation | 0 | 15 | 0,00 | 0,01 |
| Flash, arc électrique | 7 | 693 | 0,02 | 0,63 |
| Dommage aux prothèses | 3 | 13 | 0,01 | 0,01 |
| Effets de pression | 1 | 0 | 0,00 | 0,00 |
| Maladie du système nerveux | 17 | 10 | 0,05 | 0,01 |
| Trouble psychologique | 27 | 21 | 0,08 | 0,02 |
| Épuisement professionnel | 5 | 4 | 0,02 | 0,00 |
| Stress | 56 | 53 | 0,17 | 0,05 |
| Non classée | 219 | 538 | 0,68 | 0,49 |
| Non codée | 858 | 2 495 | 2,66 | 2,28 |
| **Ensemble des accidents** | **32 246** | **109 314** | **100,00** | **100,00** |

Tableau 4.29 (suite)
**Répartition et distribution des accidents de travail et des maladies professionnelles selon la nature des lésions ou des maladies et le sexe, Québec, 1992**

| Nature de la lésion | Distribution des accidents et des maladies | | | |
|---|---|---|---|---|
| | Femmes<br>N | Hommes<br>N | Femmes<br>% | Hommes<br>% |
| Maladies professionnelles | | | | |
| Allergie respiratoire | 15 | 26 | 0,71 | 1,27 |
| Dermatose | 162 | 210 | 7,72 | 10,22 |
| Intoxication | 5 | 36 | 0,24 | 1,75 |
| Maladie infectieuse | 43 | 17 | 2,05 | 0,83 |
| Pneumoconiose | 1 | 16 | 0,05 | 0,78 |
| Surdité | 2 | 108 | 0,10 | 5,26 |
| Système musculo-squelettique | 1 575 | 1 323 | 75,04 | 64,41 |
| Pathologie | 11 | 42 | 0,52 | 2,04 |
| Non classée | 26 | 30 | 1,24 | 1,46 |
| Non codée | 259 | 246 | 12,34 | 11,98 |
| **Ensemble des maladies professionnelles** | **2 099** | **2 054** | **100,00** | **100,00** |

Source : CSST, Service de la statistique.

# Le marché du travail :
# le retrait préventif de la travailleuse enceinte
# ou qui allaite

En vigueur depuis 1981, la *Loi sur la santé et la sécurité du travail* vise l'élimination à la source des dangers pour la santé et la sécurité. Elle contient des dispositions particulières pour les travailleuses enceintes ou qui allaitent : lorsque leurs conditions de travail comportent des dangers pour elles, pour leur enfant à naître, ou pour l'enfant qu'elles allaitent, elles bénéficient du droit d'être affectées à des tâches exemptes de dangers ou, si une réaffectation est impossible, à être retirées du travail avec une indemnisation de remplacement du revenu.

En 1992, 19 124 travailleuses ont bénéficié du retrait préventif de la travailleuse enceinte ou qui allaite (tableau 4.30). Parmi ces femmes, ce sont les travailleuses enceintes qui, de loin, ont le plus recours à la mesure (97,5 % d'entre elles), alors que celles qui allaitent ou celles qui sont enceintes et allaitent ensuite ne représentent qu'une très petite partie des bénéficiaires. Entre 1989 et 1992, le nombre des retraits préventifs a augmenté de 32,2 %; on remarquera toutefois une légère diminution entre 1991 et 1992.

Près de la moitié des travailleuses qui ont recours au retrait préventif de la travailleuse enceinte ou qui allaite appartiennent à quatre professions; en effet, 45,9 % d'entre elles sont, soit infirmières, serveuses de restaurant ou de bar, caissières ou vendeuses (tableau 4.31).

Le tableau 4.32 répartit les bénéficiaires du retrait préventif selon l'agresseur lié à leur poste de travail et qui constitue un danger pour elles-mêmes, leur enfant à naître ou l'enfant allaité. La majorité des agresseurs reconnus comme comportant un risque pour la maternité en milieu de travail sont de nature ergonomique (67,3 %). Sont regroupés sous le terme ergonomique les dangers résultant des horaires de travail, du rythme et de la charge de travail, de la posture de travail, du fait de lever ou de pousser des charges et de la nécessité de produire d'autres types d'efforts physiques. Les agresseurs chimiques, invoqués dans 11,2 % des cas, arrivent au deuxième rang, suivis des agresseurs biologiques et des agresseurs liés à la sécurité du travail (environ 7 % des cas).

Tableau 4.30
**Bénéficiaires du retrait préventif de la travailleuse enceinte ou qui allaite selon la catégorie de retrait et l'année, Québec, 1989 à 1992**

| Catégorie de retrait | 1989 | 1990 | 1991 | 1992 |
|---|---|---|---|---|
| Enceinte | 14 208 | 18 185 | 18 898 | 18 642 |
| Allaite | 131 | 214 | 252 | 289 |
| Enceinte puis allaite | 132 | 201 | 221 | 193 |
| **Total** | **14 471** | **18 600** | **19 371** | **19 124** |

Source : CSST, *Pour une maternité sans danger : statistiques 1989-1992*, Québec, 1993, tableau 1.

Tableau 4.31
**Bénéficiaires du retrait préventif de la travailleuse enceinte ou qui allaite selon la profession, Québec, 1989 et 1992**

| Profession | 1989 | | 1992 | |
|---|---|---|---|---|
| | Nombre | % | Nombre | % |
| Technicienne en sc. naturelles | 268 | 1,9 | 191 | 1,0 |
| Enseignante | 684 | 4,7 | 1 477 | 7,7 |
| Infirmière | 2 171 | 15,0 | 3 068 | 16,0 |
| Autre personnel médical | 638 | 4,4 | 1 064 | 5,6 |
| Secrétaire | 194 | 1,3 | 308 | 1,6 |
| Caissière | 1 384 | 9,6 | 1 813 | 9,5 |
| Commis | 142 | 1,0 | 322 | 1,7 |
| Employée de bureau | 360 | 2,5 | 376 | 2,0 |
| Vendeuse | 1 221 | 8,4 | 1 569 | 8,2 |
| Serveuse de restaurant et de bar | 1 947 | 13,5 | 2 330 | 12,2 |
| Préposée à l'entretien | 169 | 1,2 | 233 | 1,2 |
| Service personnel | 992 | 6,9 | 923 | 4,8 |
| Autre travailleuse de services | 352 | 2,4 | 330 | 1,7 |
| Travailleuse des aliments | 278 | 1,9 | 391 | 2,0 |
| Travailleuse du textile | 130 | 0,9 | 151 | 0,8 |
| Couturière | 886 | 6,1 | 877 | 4,6 |
| Manutentionnaire | 656 | 4,5 | 1 129 | 5,9 |
| Travailleuse dans l'imprimerie | 134 | 0,9 | 162 | 0,8 |
| Autres professions* | 1 575 | 10,9 | 1 875 | 9,8 |
| Indéterminée | 290 | 2,0 | 535 | 2,8 |
| **Total** | **14 471** | **100,0** | **19 124** | **100,0** |

Source : *Ibid.*, tableau 8.

* Regroupe les professions comptant moins de 1 % des bénéficiaires au total.

Tableau 4.32

**Bénéficiaires du retrait préventif de la travailleuse enceinte ou qui allaite selon la nature de l'agresseur lié au poste de travail, Québec, 1989 et 1992**

| Nature de l'agresseur | 1989 | | 1992 | |
|---|---|---|---|---|
| | **Nombre** | **%** | **Nombre** | **%** |
| Agresseur chimique | 1 807 | 12,5 | 2 136 | 11,2 |
| Agresseur physique | 444 | 3,1 | 329 | 1,7 |
| Agresseur ergonomique | 9 202 | 63,6 | 12 875 | 67,3 |
| Agresseur biologique | 681 | 4,7 | 1 511 | 7,9 |
| Agress. à la sécurité du travail | 882 | 6,1 | 1 359 | 7,1 |
| Agresseurs divers | 1 188 | 8,2 | 154 | 0,8 |
| Indéterminé | 267 | 1,8 | 760 | 4,0 |
| **Total** | **14 471** | **100,0** | **19 124** | **100,0** |

Source : *Ibid.*, tableau 13.

# Le revenu

Quelles sont les sources de revenu des femmes ? Leurs revenus sont-ils comparables à ceux des hommes ? On trouvera des éléments de réponse dans le présent chapitre.

Après avoir indiqué les sources principales du revenu des femmes et des hommes, une série de tableaux précisent le niveau de ces revenus.

Viennent ensuite des données sur les revenus d'emploi des femmes. On constate que l'écart de rémunération persiste entre les femmes et les hommes. On trouvera des détails à ce sujet en ce qui concerne l'état matrimonial des travailleuses et des travailleurs ainsi que les groupes professionnels auxquels ils appartiennent.

Non seulement l'autonomie économique des femmes dépend-elle de leur capacité à produire leurs propres revenus, mais le niveau du revenu familial dépend de l'apport économique de la conjointe. Aussi n'est-il pas étonnant de constater, à la section portant sur la pauvreté, que les familles monoparentales dirigées par une femme forment la catégorie de familles la plus nombreuse parmi celles qui vivent sous le seuil de faible revenu.

La capacité de produire un revenu d'emploi durant la vie active a des répercussions au moment de la retraite. Une série de tableaux montrent la situation des femmes et des hommes retraités.

Plus de femmes que d'hommes sont dépendantes des transferts gouvernementaux ; c'est le cas du programme de sécurité de la vieillesse comme de l'aide sociale. On remarquera encore une fois l'incidence de la monoparentalité sur la pauvreté des femmes.

Enfin, sans que des chiffres récents et très précis soient disponibles, nous avons cru utile de présenter certaines données sur les pensions alimentaires, qui constituent une part importante des revenus, réels ou potentiels, de plusieurs femmes, et particulièrement de celles qui ont la charge d'une famille.

# Revenu :
# les femmes disposant d'un revenu
# et leur principale source de revenu

La proportion de Québécoises qui ont un revenu provenant d'un emploi ou d'une autre source ne cesse d'augmenter (tableau 5.1). En effet, alors qu'en 1970, 55,5 % des femmes avaient un revenu, cette proportion atteint 84,6 % en 1990.

De 1980 à 1990, la proportion de femmes avec un revenu s'est accrue dans tous les groupes d'âge (graphique 5A). La hausse la plus importante s'observe toutefois chez les femmes de 35 à 44 ans et chez celles de 45 à 54 ans : ces deux groupes ont, en effet, vu la proportion de femmes avec revenu augmenter de plus de 15 points (70,3 % à 86,5 % et 66,6 % à 82,1 %).

Conséquence de la plus grande présence des femmes sur le marché du travail, les femmes avec revenu déclarent davantage qu'avant le revenu d'emploi comme principale source de revenu (71 % en 1990, comparativement à 62,9 % en 1980). À l'inverse, la proportion de celles dont le revenu provient surtout de transferts gouvernementaux a diminué pendant cette décennie (18,7 %, comparativement à 26,6 %), de même que le pourcentage de celles dont les revenus sont surtout composés de placements (6,6 % comparativement à 8 %). Notons que la proportion de femmes dont le revenu provient surtout d'une autre source que les précédentes (par exemple, une pension alimentaire) a augmenté (3,7 %, comparativement à 2,5 %). Précisons enfin que si la répartition des femmes avec revenu tend à se rapprocher de celle des hommes, des différences appréciables demeurent en 1990, notamment la proportion nettement plus importante de femmes dont le revenu provient principalement de transferts gouvernementaux (18,7 %, comparativement à 11,4 %).

La répartition des personnes dont le revenu provient principalement de transferts gouvernementaux indique que les femmes sont proportionnellement plus nombreuses que les hommes à avoir des revenus de retraite de sources publiques comme principale source de revenu (49,7 %, comparativement à 40,4 %) (tableau 5.3). Elles sont aussi proportionnellement plus nombreuses que les hommes à recevoir de l'assistance sociale (15,5 %, comparativement à 11,4 %). En revanche, toujours dans la catégorie des personnes pour qui les transferts gouvernementaux sont la source principale du revenu, les hommes sont proportionnellement plus nombreux à compter sur l'assurance-chômage comme principale source de revenu.

Tableau 5.1
**Proportion des personnes de 15 ans ou plus disposant d'un revenu,
Québec, 1970, 1980 et 1990**

| Année | Femmes | Hommes |
|---|---|---|
| 1970 | 55,5 | 87,5 |
| 1980 | 72,1 | 91,0 |
| 1990 | 84,6 | 93,9 |

Source : Statistique Canada, *Revenu total*, catalogue 92-928, tableau 1 et *Certaines statistiques du revenu*, catalogue 93-331, tableau 1.

Graphique 5A
**Proportion des femmes de 15 ans ou plus ayant un revenu selon le groupe d'âge,
Québec, 1980 et 1990**

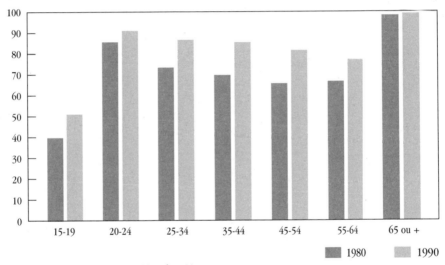

Source : Statistique Canada, *op. cit.*, tableau 6 et tableau 2.

Tableau 5.2

**Répartition des personnes ayant un revenu selon la principale source de revenu et le sexe, Québec, 1980 et 1990**

| Principale | 1980 | | 1990 | |
|---|---|---|---|---|
| source de revenu | Femmes % | Hommes % | Femmes % | Hommes % |
| Revenu d'emploi | 62,9 | 80,3 | 71,0 | 80,7 |
| Transferts gouvernementaux | 26,6 | 15,1 | 18,7 | 11,4 |
| Revenu de placements | 8,0 | 2,5 | 6,6 | 4,0 |
| Autre source | 2,5 | 2,1 | 3,7 | 3,9 |
| **Total** | **100,0** | **100,0** | **100,0** | **100,0** |

Source : Statistique Canada, *op. cit.*, tableau 4 et, pour 1990, données non publiées de l'*Enquête sur les finances des consommateurs* traitées par le Bureau de la statistique du Québec.

Tableau 5.3

**Répartition des personnes ayant des revenus de transfert comme principale source de revenu, selon le type de transfert et le sexe, Québec, 1990**

| Type de transfert | Femmes % | Hommes % |
|---|---|---|
| Allocations familiales, crédit d'impôt pour enfant | 8,6 | 9,6 |
| Régime de rentes du Québec, régime de pension du Canada, programme de sécurité de la vieillesse | 49,7 | 40,4 |
| Assurance-chômage | 19,8 | 28,9 |
| Assistance sociale | 15,5 | 11,4 |
| Autres | 6,4 | 9,6 |
| **Total** | **100,0** | **100,0** |

Source : Statistique Canada, données non publiées de l'*Enquête sur les finances des consommateurs*, traitées par le Bureau de la statistique du Québec.

# Revenu :
# le revenu total

Bien que le revenu total moyen des femmes se rapproche de celui des hommes, il en demeure passablement éloigné (tableau 5.4); en effet, en 1992, le revenu des femmes représentait 63,4 % de celui des hommes.

C'est que, même si de plus en plus de Québécoises ont un revenu (page précédente), une proportion importante d'entre elles ont de faibles revenus (tableau 5.5). En effet, en 1992, 15,3 % des femmes ont un revenu inférieur à 5 000 $ et 19,8 % ont un revenu se situant entre 5 000 $ et 10 000 $, proportions presque deux fois plus élevées que celles observées chez les hommes (8,9 % et 10,6 %). À l'inverse, le pourcentage de personnes dont le revenu est supérieur à 35 000 $ est trois fois plus élevé chez les hommes que les femmes (30,9 %, comparativement à 10,5 %). Dans l'ensemble, on constate qu'une femme sur quatre a un revenu de 25 000 $ ou plus comparativement à un homme sur deux.

Ce sont les femmes de 35 à 44 ans qui ont le revenu total moyen le plus élevé (21 141 $), suivies de près par celles de 45 à 54 ans (19 847 $) et celles de 25 à 34 ans (18 360 $) (tableau 5.6). Les femmes de 15 à 19 ans, dont une partie importante est aux études, détiennent pour leur part le revenu total le plus faible. Par ailleurs, on constate que le rapport entre le revenu des femmes et celui des hommes diffère selon le groupe d'âge. En effet, sauf pour les femmes de 65 ans ou plus, plus les femmes sont jeunes et plus leur revenu se rapproche de celui des hommes : ainsi, les femmes de 15 à 24 ans ont un revenu qui équivaut à 80 % de celui des hommes du même groupe d'âge; ce ratio diminue graduellement pour atteindre 46,9 % pour les femmes de 55 à 64 ans.

Enfin, notons que, de 1980 à 1990, le rapport entre le revenu total des femmes et celui des hommes a augmenté chez les 25 à 64 ans, particulièrement dans le groupe d'âge des 35 à 44 ans. En effet, alors que le revenu des femmes de ce groupe équivalait à 49 % de celui des hommes en 1980, il en représente 59,1 % en 1990. Par ailleurs, le revenu des jeunes femmes de 15 à 19 ans a diminué par rapport à celui des jeunes hommes pendant cette période (80,8 % en 1990, comparativement à 88,5 % en 1980).

Tableau 5.4
**Revenu total moyen selon le sexe, Québec, 1971, 1981 et 1992**

| Année | Femmes $ | Hommes $ | Revenu F/Revenu H % |
|---|---|---|---|
| 1971 | 3 030 | 6 693 | 45,3 |
| 1981 | 9 234 | 17 149 | 53,8 |
| 1992 | 17 646 | 27 853 | 63,4 |

Source : Statistique Canada, *Répartition du revenu au Canada selon la taille du revenu*, catalogue 13-207 annuel.

Tableau 5.5
**Répartition des personnes ayant un revenu selon la tranche de revenu et le sexe, Québec, 1992**

| Tranche de revenu $ | Femmes % | Hommes % |
|---|---|---|
| 1 – 4 999 | 15,3 | 8,9 |
| 5 000 – 9 999 | 19,8 | 10,6 |
| 10 000 – 14 999 | 19,2 | 13,0 |
| 15 000 – 19 999 | 10,9 | 9,7 |
| 20 000 – 24 999 | 9,7 | 9,2 |
| 25 000 – 29 999 | 8,4 | 9,3 |
| 30 000 – 34 999 | 6,2 | 8,4 |
| 35 000 – 39 999 | 3,1 | 6,9 |
| 40 000 – 44 999 | 2,8 | 5,9 |
| 45 000 – 49 999 | 1,6 | 4,5 |
| 50 000 ou plus | 3,0 | 13,6 |
| **Total** | **100,0** | **100,0** |

Source : *Ibid.*, tableau 46.

Tableau 5.6
**Revenu total moyen en 1990 selon le groupe d'âge et le sexe et rapport entre le revenu des femmes et celui des hommes, Québec, 1980 et 1990**

| Groupe d'âge | Femmes $ | Hommes $ | Revenu F/Revenu H 1990 % | Revenu F/Revenu H 1980 % |
|---|---|---|---|---|
| 15-19 | 4 243 | 5 248 | 80,8 | 88,5 |
| 20-24 | 11 019 | 13 883 | 79,4 | 79,2 |
| 25-34 | 18 360 | 26 889 | 68,3 | 61,0 |
| 35-44 | 21 141 | 35 746 | 59,1 | 49,0 |
| 45-54 | 19 847 | 37 188 | 53,4 | 46,5 |
| 55-64 | 14 557 | 31 059 | 46,9 | 44,2 |
| 65-69 | 12 779 | 23 656 | 54,0 | 61,2 |
| 70 ou plus | 13 598 | 19 525 | 69,6 | 62,2 |

Source : Statistique Canada, pour 1980, *Population, ménages privés, familles de recensement dans les ménages privés, revenu*, catalogue 93-953, vol. 2, tableau 5, et pour 1990, *Certaines caractéristiques du revenu*, catalogue 93-331, tableau 2.

# Revenu :
# le revenu d'emploi

Même si, en 1992, le niveau d'emploi des femmes ne représente en moyenne que 65,9 % du revenu d'emploi des hommes, ce revenu moyen s'est rapproché du leur au cours des vingt dernières années (tableau 5.7). En effet, le rapport entre le revenu d'emploi de l'ensemble des travailleuses et celui des travailleurs a augmenté de près de 14 points pendant cette période, puisqu'il n'était que de 52,3 % en 1971.

Notons que le rapport entre le revenu d'emploi des femmes et celui des hommes ne croît pas à chaque année : il connaît au contraire des fluctuations assez importantes d'une année à l'autre. Par exemple, alors que le revenu d'emploi moyen des femmes équivalait à 61,1 % de celui des travailleurs en 1986, le ratio diminuait au cours des trois années suivantes pour atteindre 56,8 % en 1989. Après une remontée à 62,3 % en 1990, il chutait de nouveau en 1991 (61,9 %), et enfin, gagnait 4 points en un an, pour se situer à 65,9 % en 1992.

Les dernières hausses entre le rapport du revenu d'emploi moyen des femmes et celui des hommes seraient en partie attribuables à la situation difficile de l'emploi dans le secteur manufacturier, secteur dans lequel les hommes sont beaucoup plus nombreux que les femmes. En effet, rappelons que ce secteur connaît ces dernières années des restructurations importantes, qui se traduisent souvent par des pertes d'emplois et par la détérioration des conditions de travail.

Selon les données des recensements canadiens, le rapport entre le revenu d'emploi moyen des femmes et celui des hommes n'a pas progressé dans tous les groupes d'âge, de 1980 à 1990 (tableau 5.8) : seules les femmes de 25 à 54 ans, qui ont, en 1990, les revenus d'emploi moyens les plus élevés parmi les femmes, ont vu leur revenu d'emploi se rapprocher de celui des hommes de leur groupe d'âge. En 1990, les femmes de 15 à 24 ans demeurent cependant celles dont le revenu d'emploi est le plus rapproché de celui des hommes (81,8 %), alors que c'est chez les femmes de 55 à 64 ans que le ratio est le plus faible (54,3 %).

Le revenu d'emploi moyen des femmes varie peu selon leur état matrimonial, si ce n'est qu'il est plus faible pour les femmes célibataires (graphique 5B). Toutefois, on observe des différences importantes dans le rapport entre leur revenu d'emploi et celui des hommes qui ont le même état matrimonial. Par exemple, alors que, pour les célibataires, le revenu d'emploi moyen des femmes équivaut à 91,3 % de celui des hommes, ce rapport est de 54,4 % lorsque les travailleurs sont mariés.

Tableau 5.7
**Revenu d'emploi moyen selon le sexe, Québec, 1971-1992**

| Année | Ensemble des travailleurs | | | Travailleurs à temps plein | | |
|---|---|---|---|---|---|---|
| | Femmes $ | Hommes $ | Revenu F/ Revenu H | Femmes $ | Hommes $ | Revenu F/ Revenu H |
| 1971 | 3 608 | 6 904 | 52,3 | 5 026 | 8 529 | 58,9 |
| 1981 | 9 866 | 17 232 | 57,3 | 14 527 | 21 735 | 66,8 |
| 1986 | 13 438 | 21 980 | 61,1 | 19 535 | 28 127 | 69,5 |
| 1987 | 13 392 | 23 572 | 59,1 | 20 504 | 30 702 | 66,8 |
| 1988 | 14 100 | 24 424 | 57,7 | 20 925 | 31 742 | 65,9 |
| 1989 | 15 266 | 26 883 | 56,8 | 21 206 | 33 981 | 62,4 |
| 1990 | 16 994 | 27 290 | 62,3 | 24 356 | 35 546 | 68,5 |
| 1991 | 17 517 | 28 289 | 61,9 | 25 740 | 36 710 | 70,1 |
| 1992 | 18 403 | 27 909 | 65,9 | 27 579 | 37 302 | 73,9 |

Source : Statistique Canada, *Gains des hommes et des femmes*, catalogue 13-577 hors série, tableau 2 et catalogue 13-217 annuel, tableau 2.

Tableau 5.8
**Revenu d'emploi moyen en 1990 selon le groupe d'âge et le sexe et rapport entre le revenu des femmes et celui des hommes, Québec, 1980 et 1990**

| Groupe d'âge | Femmes $ | Hommes $ | Revenu F/Revenu H 1990 % | 1980 % |
|---|---|---|---|---|
| 15-24 | 8 217 | 10 050 | 81,8 | 83,9 |
| 25-34 | 18 146 | 26 070 | 69,6 | 64,6 |
| 35-44 | 21 132 | 34 948 | 60,5 | 52,6 |
| 45-54 | 20 484 | 37 067 | 55,3 | 52,1 |
| 55-64 | 17 520 | 32 274 | 54,3 | 57,9 |
| 65 ou plus | 14 341 | 24 730 | 58,0 | 60,1 |
| **Total** | **17 428** | **28 289** | **61,6** | **58,1** |

Source : Statistique Canada, *Population ayant travaillé en 1980 – revenu d'emploi selon certaines caractéristiques*, catalogue 92-931, tableau 1 et, pour 1990, *Certaines caractéristiques du revenu*, catalogue 93-331, tableau 4.

Graphique 5B
**Revenu d'emploi moyen selon l'état matrimonial et le sexe, Québec, 1990**

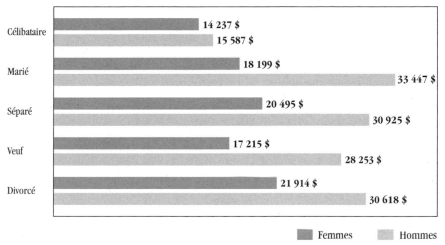

Source : Statistique Canada, *Certaines caractéristiques du revenu*, catalogue 93-331, tableau 4.

# Revenu :
# le revenu d'emploi selon le groupe professionnel

Le revenu d'emploi des femmes en 1990 représente de 41,7 % à 74,5 % de celui des hommes : quel que soit le groupe professionnel, il demeure inférieur (tableau 5.9). Pour les groupes professionnels dans lesquels les femmes se retrouvent le plus, ce sont les employées de bureau qui ont le revenu le plus rapproché de celui des hommes (74,1 %), suivies des enseignantes et du personnel assimilé (69,1 %) et des directrices, gérantes et administratrices (61,7 %). Les travailleuses en médecine et en santé, les travailleuses spécialisées dans les services, celles de la vente et les femmes qui travaillent dans la fabrication, le montage et la réparation de produits, ont pour leur part un revenu d'emploi moyen équivalent à environ la moitié de celui des hommes.

Entre 1980 et 1990, le revenu des femmes en emploi s'est rapproché de celui des hommes dans 15 groupes professionnels sur 21 ; tous les groupes dans lesquels les femmes se retrouvent le plus ont vu le rapport entre le revenu des femmes et celui des hommes augmenter, sauf celui des travailleuses dans la fabrication, le montage et la réparation de produits. Plus précisément, les agricultrices, les horticultrices et les éleveuses forment le groupe professionnel où le rapport entre leur revenu et celui des hommes a le plus augmenté, celui-ci atteignant 62,7 %, comparativement à 49,9 % en 1980, soit une hausse d'environ 13 points. Elles sont suivies de près par les travailleuses des sciences naturelles, du génie et des mathématiques, où le ratio a augmenté de 10 points (70,6 %, comparativement à 60,5 %). De leur côté, les femmes membres du clergé et du personnel assimilé (0,1 % des travailleuses en 1991) ont vu le rapport entre leur revenu d'emploi et celui des hommes diminuer de façon importante pendant la décennie.

De façon générale, le revenu moyen d'emploi des femmes et des hommes augmente avec la scolarité (tableau 5.10). Quant au rapport entre le revenu des femmes et celui des hommes, il s'élève aussi avec la scolarité mais, en partie seulement, le revenu des femmes stagnant aux 2/3 de celui des hommes, même si elles ont terminé des études postsecondaires.

Tableau 5.9
**Revenu d'emploi moyen en 1990 selon le groupe professionnel et le sexe
et rapport entre le revenu des femmes et celui des hommes, Québec, 1980 et 1990**

| Groupe professionnel | Revenu d'emploi | | Revenu F/Revenu H | |
|---|---|---|---|---|
| | Femmes $ | Hommes $ | 1990 % | 1980 % |
| Directeurs, gérants et administrateurs | 26 536 | 43 033 | 61,7 | 59,1 |
| Trav. des sc. naturelles, du génie et des mathématiques | 25 323 | 35 883 | 70,6 | 60,5 |
| Trav. des sciences sociales | 22 927 | 41 674 | 55,0 | 51,1 |
| Membres du clergé et pers. assimilé | 14 000 | 18 945 | 73,9 | 119,0 |
| Enseignants et personnel assimilé | 27 455 | 39 733 | 69,1 | 67,2 |
| Trav. en médecine et santé | 24 258 | 48 454 | 50,1 | 46,2 |
| Trav. des domaines artistiques et littéraires | 18 355 | 24 627 | 74,5 | 67,4 |
| Employés de bureau | 16 166 | 21 830 | 74,1 | 68,1 |
| Trav. de la vente | 13 450 | 25 719 | 52,3 | 44,7 |
| Trav. spéc. dans les services | 10 241 | 19 781 | 51,8 | 46,4 |
| Agriculteurs, horticulteurs et éleveurs | 10 063 | 16 045 | 62,7 | 49,9 |
| Pêcheurs, trappeurs et trav. assimilés | 7 289 | 12 986 | 56,1 | 47,6 |
| Travailleurs forestiers, bûcherons | 7 194 | 17 251 | 41,7 | 42,5 |
| Mineurs, carriers, foreurs de puits | – | 35 024 | – | – |
| Trav. des industries de transformation | 13 515 | 25 828 | 52,3 | 55,7 |
| Usineurs et trav. domaines connexes | 15 231 | 26 569 | 57,3 | 60,5 |
| Trav. dans la fabrication, le montage et la réparation de produits | 12 501 | 25 539 | 48,9 | 50,0 |
| Trav. du bâtiment | 17 679 | 25 887 | 68,3 | 74,9 |
| Personnel d'exploitation des transports | 17 538 | 25 266 | 69,4 | 56,1 |
| Manutentionnaires et trav. assimilés | 12 202 | 19 101 | 63,9 | 58,9 |
| Autres ouvriers qualifiés et conducteurs de machines | 15 647 | 29 665 | 52,7 | 48,6 |
| Trav. non classés ailleurs | 13 230 | 18 812 | 70,3 | 66,4 |
| **Total** | **17 428** | **28 289** | **61,6** | **58,1** |

Source : Statistique Canada, *Population ayant travaillé en 1980 – revenu d'emploi selon la profession*, catalogue 92-930, tableau 1 et, pour 1990, *Revenu d'emploi selon la profession*, catalogue 93-332, tableau 1.

Tableau 5.10
**Revenu d'emploi moyen en 1990 selon la scolarité et le sexe,
et rapport entre le revenu des femmes et celui des hommes, Québec, 1981 et 1990**

| Scolarité | Femmes | Hommes | Revenu F/Revenu H | |
|---|---|---|---|---|
| | | | 1990 | 1981 |
| | $ | $ | % | % |
| 0 à 8 ans | 11 082 | 22 171 | 50,0 | 50,7 |
| 9 à 13 ans | 14 201 | 23 921 | 59,4 | 57,5 |
| Études postsec. partielles | 13 841 | 20 772 | 66,6 | 65,2 |
| Études postsec. complètes | 18 366 | 28 546 | 64,3 | 66,1 |
| Grade universitaire | 28 319 | 43 749 | 64,7 | 59,4 |

Source : Statistique Canada, données non publiées de l'*Enquête sur les finances des consommateurs*, traitées par le Bureau de la statistique du Québec.

## *Pour en savoir plus*

Rochette, Maude et autres, *L'équité en emploi pour les femmes*, Conscil du statut de la femme, Québec, 1993, 157 p.

# Revenu :
# la contribution des conjointes au revenu familial

En 1990, dans 61,6 % des familles composées d'un conjoint et d'une conjointe, cette dernière bénéficie d'un revenu d'emploi (graphique 5C). Dans 46,8 % des familles, les conjointes et leur conjoint retirent un revenu d'emploi, dans 11 %, le revenu d'emploi d'un ou des enfants s'ajoute à celui des parents et, dans 3,8 % des familles, seule la conjointe ou la conjointe et les enfants ont un revenu d'emploi (tableau 5.11).

Par ailleurs, le revenu familial moyen varie passablement selon le nombre de détenteurs d'un emploi ; ainsi, le revenu familial le plus élevé se retrouve dans les familles où les deux conjoints et un ou des enfants ont un revenu d'emploi (73 528 $) ; viennent ensuite les revenus des familles qui comptent deux personnes ayant un emploi (49 550 $ à 59 362 $). Lorsqu'il n'y a qu'un seul revenu d'emploi, le revenu familial varie alors de 32 911 $ à 42 544 $ et, lorsqu'il n'y en a aucun, il n'est que de 23 028 $.

Enfin, les conjointes contribuent en moyenne à 28,2 % du revenu familial en 1990 (comparativement à 20 % en 1980). On note que quand elles n'ont pas de revenu d'emploi, leur contribution moyenne au revenu familial est inversement proportionnelle à ce revenu : elle n'est que de 3,1 % lorsque le revenu familial est de 59 362 $ et de 30,2 % lorsqu'il est de 23 028 $. Quand les conjointes ont un revenu d'emploi, leur apport varie plutôt selon le nombre de bénéficiaires d'un tel revenu dans la famille. Il est de 59,7 % lorsqu'elles sont les seules bénéficiaires, de 36 % lorsqu'elles sont bénéficiaires d'un revenu d'emploi avec une autre personne et de 26,8 %, lorsqu'elles le sont avec deux personnes ou plus. La contribution des conjointes en emploi au revenu familial est donc importante. Elle est également jugée essentielle pour les familles conjointe-conjoint parce qu'elle leur permet d'absorber une partie des effets des récessions subies au cours des dernières années. En effet, on estime que n'eût été de l'apport des gains des conjointes au revenu familial, le taux de faible revenu chez les familles conjointe-conjoint augmenterait de façon notable.

Graphique 5C
**Familles conjointe-conjoint selon que la conjointe a des gains ou non, Québec, 1990**

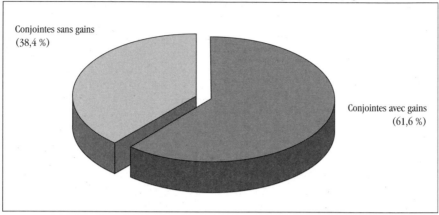

Conjointes sans gains
(38,4 %)

Conjointes avec gains
(61,6 %)

Source : Statistique Canada, *Certaines caractéristiques du revenu*, catalogue 93-331, tableau 7.

Tableau 5.11
**Proportion des familles conjointe-conjoint, revenu familial moyen
et part du revenu total de la conjointe dans le revenu familial,
selon les bénéficiaires d'un emploi, Québec, 1990**

| Détenteurs d'un emploi | Familles | Revenu familial | Revenu total conjointe | Âge moyen de la conjointe |
|---|---|---|---|---|
| | % | $ | Revenu familial % | |
| Conjointe, conjoint et enfant | 11,0 | 73 528 | 26,8 | 46 |
| Conjointe et conjoint | 46,8 | 55 855 | 36,4 | 36 |
| Conjoint et enfant | 4,9 | 59 362 | 3,1 | 50 |
| Conjoint | 17,2 | 40 790 | 5,7 | 42 |
| Conjointe et enfant | 0,8 | 49 550 | 36,9 | 52 |
| Conjointe | 3,0 | 32 911 | 59,7 | 45 |
| Enfant | 2,2 | 42 544 | 12,3 | 61 |
| Aucun | 14,1 | 23 028 | 30,2 | 61 |
| **Total** | **100,0** | **49 745** | **28,2** | **43** |

Source : *Ibid.*

## *Pour en savoir plus*

Asselin, Nicole et autres, *L'évolution du revenu des familles au Québec 1971-1986*, Bureau de la statistique du Québec, Les Publications du Québec, Québec, 1991, 312 p.

Rashid, Abdul, « Rémunération des femmes et revenu des familles », *L'emploi et le revenu en perspective*, Statistique Canada, vol. 3, n° 2, été 1991, p. 27-38. Statistique Canada, *Caractéristiques des familles comptant deux soutiens*, catalogue 13-215, publication annuelle.

# Revenu :
# la pauvreté

En 1990, 20,6 % des femmes vivent sous le seuil de faible revenu de Statistique Canada, comparativement à 15,1 % des hommes. La proportion de femmes vivant sous ce seuil est plus élevée que celle des hommes dans tous les groupes d'âge, mais particulièrement dans celui des 65 ans ou plus (graphique 5D). En effet, 35,6 % des femmes de ce groupe d'âge sont pauvres, comparativement à 19,1 % des hommes. Par ailleurs, alors que parmi les femmes, ce sont celles de 65 ans ou plus qui ont le taux de faible revenu le plus élevé, suivies des femmes de 55 à 64 ans (23,9 %), puis de celles de 15 à 24 ans (20,5 %), chez les hommes, la pauvreté affecte de façon presque semblable les hommes de 15 à 24 ans (19,6 %) et ceux de 65 ans ou plus (19,1 %).

De moins en moins de familles peuvent vivre convenablement avec un seul revenu d'emploi, surtout lorsque ce revenu est celui d'une femme. Or, seulement 19,1 % des familles monoparentales dirigées par une femme peuvent compter sur deux revenus d'emploi (tableau 5.12) ; les autres familles n'ont que le revenu d'emploi de la mère (34,7 %) ou de l'enfant (18,1 %) ou encore, n'ont aucun revenu d'emploi (28,2 %). Il n'est donc pas surprenant de constater que ce sont ces familles qui ont le taux de pauvreté le plus élevé : 46,6 % des familles monoparentales dirigées par une femme vivent sous le seuil de faible revenu, tandis que cette proportion est de 11,9 % pour les familles conjointe-conjoint (graphique 5E). De plus, quand les familles ont des enfants de 17 ans ou moins, ce taux passe à 65,2 % pour les familles monoparentales dirigées par une mère, comparativement à 14,3 % pour les familles biparentales. Notons enfin que les familles monoparentales dirigées par un père sont aussi affectés, mais moins que celles sous la responsabilité d'une mère, par le fait qu'elles ne retirent généralement qu'un seul revenu d'emploi : en effet, leur taux de pauvreté est de 19,3 %, soit de 27,3 points inférieur à celui des familles conjointe-conjoint.

Le niveau de vie des personnes seules laisse également beaucoup à désirer (graphique 5E). En effet, près de la moitié des femmes seules (46,6 %) vivent sous le seuil de faible revenu. Cette proportion est de 37,9 % pour les hommes.

*Définition*

Selon Statistique Canada, est considérée comme étant à faible revenu une personne ou une famille qui attribue 56 % de son revenu aux biens de première nécessité, soit la nourriture, le logement et l'habillement.

Graphique 5D
**Pourcentage des personnes à faible revenu selon le groupe d'âge et le sexe, Québec, 1990**

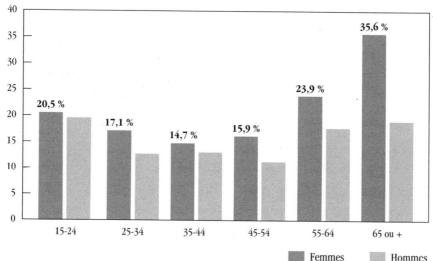

Source : Statistique Canada, données non publiées de l'*Enquête sur les finances des consommateurs*, traitées par le Bureau de la Statistique du Québec.

Tableau 5.12
**Proportion des familles monoparentales dirigées par une femme, revenu familial moyen et âge moyen de la mère, selon les détenteurs d'un emploi, Québec, 1990**

| Détenteurs d'un emploi | Familles % | Revenu familial moyen $ | Âge moyen de la mère |
|---|---|---|---|
| Mère | 34,7 | 24 610 | 37 |
| Mère et enfant | 19,1 | 39 357 | 49 |
| Enfant | 18,1 | 33 265 | 63 |
| Aucun | 28,2 | 10 963 | 42 |
| **Total** | **100,0** | **25 141** | **45** |

Source : Statistique Canada, *Certaines caractéristiques du revenu*, catalogue 93-331, tableau 7.

Graphique 5E
**Proportion des familles et des personnes seules vivant sous le seuil de faible revenu, Québec, 1990**

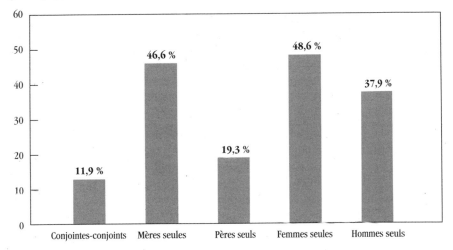

Source : Statistique Canada, *Certaines caractéristiques du revenu*, catalogue 93-331, tableau 9.

*Pour en savoir plus*

Conseil national du bien-être social, *La femme et la pauvreté, 10 ans plus tard*, Le Conseil, 1990, 176 p.

# Revenu :
# les retraitées

En 1990, le revenu total moyen des femmes retraitées est de 12 150 $, comparativement à 16 950 $ pour les hommes (tableau 5.13). Ce sont les femmes de 54 ans ou moins (1,9 % des femmes retraitées) qui ont le revenu total moyen le plus faible (8 945 $), alors que le plus élevé est détenu par celles de 75 ans ou plus (13 299 $). C'est d'ailleurs dans ce dernier groupe d'âge que le revenu des femmes se rapproche le plus de celui des hommes (97 %). Le plus faible rapport entre le revenu des femmes et celui des hommes se retrouve pour sa part chez les retraités de 55 à 69 ans, le revenu total moyen des femmes de ce groupe d'âge n'équivalant qu'à 58,6 % de celui des hommes.

Selon les données du tableau 5.14, 42,3 % des femmes retraitées tirent leur revenu principalement de la sécurité de la vieillesse et du supplément du revenu garanti, comparativement à 24,5 % des hommes. La proportion de retraités dont le revenu est composé surtout de revenus de placement est aussi plus élevée chez les femmes que chez les hommes (22,5 % comparativement à 17,3 %). À l'inverse, une proportion nettement plus élevée d'hommes que de femmes déclarent comme principale source de revenu les pensions privées de retraite (29,6 % comparativement à 15,2 %) ou le régime de rentes du Québec (20,2 % comparativement à 13,6 %). Par ailleurs, on constate que, sauf pour ce qui est de la sécurité de la vieillesse qui est touchée par 83 % des femmes retraitées comparativement à 73,8 % des hommes, une proportion plus élevée d'hommes que de femmes ont des revenus de chacune des autres sources. Entre autres, près de trois hommes sur quatre retirent des prestations du régime de rentes du Québec, comparativement à 53,6 % des femmes et 46,1 %, des revenus de régimes de retraite d'employeurs, comparativement à 23,1 % des femmes.

Les données du tableau 5.15 permettent de penser que les revenus épargnés en vue de la retraite constitueront une part plus importante du revenu total des femmes retraitées de demain. En effet, on constate que de plus en plus de femmes cotisent au régime de rentes du Québec, à un régime d'employeur ou encore investissent dans un régime enregistré d'épargne retraite.

Tableau 5.13
**Répartition des retraités et revenu total moyen des retraités selon le groupe d'âge et le sexe, Québec, 1990**

| Groupe d'âge | Femmes % | Hommes % | Revenu total moyen Femmes $ | Revenu total moyen Hommes $ | Revenu F Revenu H % |
|---|---|---|---|---|---|
| 54 ou moins | 1,9 | 4,8 | 8 945 | 14 118 | 63,4 |
| 55-64 | 17,3 | 22,3 | 11 342 | 19 362 | 58,6 |
| 65-69 | 24,6 | 26,0 | 10 943 | 18 682 | 58,6 |
| 70-74 | 21,1 | 21,7 | 12 588 | 16 801 | 74,9 |
| 75 ou plus | 35,1 | 25,2 | 13 299 | 13 707 | 97,0 |
| **Total** | **100,0** | **100,0** | **12 150** | **16 950** | **71,7** |

Source : Statistique Canada, données non publiées de l'*Enquête sur les finances des consommateurs*, traitées par le Bureau de la statistique du Québec.

Tableau 5.14
**Répartition des retraités selon la principale source de revenu et le sexe, Québec, 1990**

| Principale source de revenu | Femmes % | Hommes % | % touchant un revenu de chaque source F % | % touchant un revenu de chaque source H % |
|---|---|---|---|---|
| Sécurité de la vieillesse et supplément de revenu garanti | 42,3 | 24,5 | 83,0 | 73,8 |
| Autres transferts gouvernementaux | 5,2 | 6,3 | 70,1 | 74,1 |
| Placements | 22,5 | 17,3 | 53,6 | 54,3 |
| Régime de rentes du Québec | 13,6 | 20,2 | 53,6 | 72,9 |
| Pensions de retraite et rentes privées | 15,2 | 29,6 | 23,1 | 46,1 |
| Autres revenus | 1,1 | 2,1 | 2,3 | 6,0 |
| **Total** | **100,0** | **100,0** | – | – |

Source : Statistique Canada, données non publiées de l'Enquête sur les finances des consommateurs, traitées par le Bureau de la statistique du Québec.

Tableau 5.15
**Quelques données illustrant l'épargne-retraite au Québec selon le sexe**

| | Femmes | Hommes |
|---|---|---|
| Taux de participation de la population de 18 à 69 ans au régime de rentes du Québec | | |
| 1981 | 50,2 % | 80,2 % |
| 1991 | 55,6 % | 73,4 % |
| Taux de participation de la main-d'œuvre à un régime complémentaire de retraite (régime d'employeur) | | |
| 1981 | 34,7 % | 43,4 % |
| 1991 | 40,9 % | 43,0 % |
| Nombre de personnes déclarant adhérer à un régime enregistré d'épargne-retraite (REER) | | |
| 1986 | 275 806 | 469 803 |
| 1991 | 439 150 | 628 925 |
| Montants moyens cotisés à un REER | | |
| 1986 | 1 788 $ | 2 310 $ |
| 1991 | 1 897 $ | 2 669 $ |

Sources : Service de l'évaluation des programmes de la Régie des rentes du Québec et, pour les REER, Service des études statistiques du ministère du Revenu du Québec.

### Pour en savoir plus

Brouillet, Chantale et Céline Perron, *Caractéristiques des femmes âgées au Québec*, Conseil du statut de la femme, Québec, 1992, 112 p.

# Revenu :
# les bénéficiaires de l'aide sociale

En septembre 1993, 270 597 femmes adultes étaient bénéficiaires de la sécurité du revenu, soit 51,5 % de l'ensemble des bénéficiaires adultes (tableau 5.16). Si leur nombre est sensiblement le même que celui des hommes bénéficiaires, leur répartition selon la catégorie de ménages est différente de la leur. En effet, les hommes bénéficiaires sont en très grande partie des personnes seules (70,2 %), alors que les femmes bénéficiaires sont surtout des femmes seules (42,9 %) et des femmes responsables d'une famille monoparentale (31,5 %).

Les femmes inscrites à la sécurité du revenu sont principalement âgées de 25 à 34 ans (28,7 %) et de 35 à 44 ans (23,6 %), bien qu'on y trouve aussi des proportions non négligeables de femmes des autres groupes d'âge (tableau 5.17) ; par exemple, 14,9 % d'entre elles sont âgées de 15 à 24 ans. Notons qu'il y a très peu de femmes de 65 ans ou plus dépendant de la sécurité du revenu, les femmes de ce groupe d'âge devenant, sauf exception, bénéficiaires de la sécurité de la vieillesse. Par ailleurs, on remarque que, selon leur âge, les femmes bénéficiaires se concentrent différemment suivant la catégorie de ménages à laquelle elles appartiennent. Ainsi, on retrouve une concentration de personnes de 45 ans ou plus parmi les femmes seules (48,7 %) et surtout, parmi les conjointes sans enfants (69,4 %). De leur côté, les mères seules et les conjointes avec enfants sont à plus de 70 % âgées de 25 à 44 ans.

Les données du tableau 5.18 permettent de voir que 39,9 % des femmes inscrites à la sécurité du revenu sont classées aptes non disponibles, c'est-à-dire que leur situation les empêche temporairement de profiter des mesures d'aide ou de préparation à l'emploi. C'est notamment le cas de 63 % des femmes de 55 ans ou plus et de la moitié de celles de 15 à 34 ans. Le programme « apte non participant » (personnes classées aptes mais qui ne comptent pas se prévaloir des mesures offertes) regroupe pour sa part 26,2 % des femmes bénéficiaires ; notons que près de 40 % des femmes de 35 à 54 ans sont dans ce programme. Le programme « soutien financier », qui s'adresse aux personnes dans l'incapacité de travailler, regroupe, quant à lui, 17,7 % des femmes bénéficiaires. Enfin, 8,8 % des femmes font partie du programme « apte participant » (participation aux mesures d'aide ou de préparation à l'emploi) et 6 %, du programme « apte disponible » (en attente que des mesures soient accessibles).

Tableau 5.16
**Répartition des adultes inscrits à la sécurité du revenu selon la catégorie de ménages et le sexe, Québec, septembre 1993**

| Catégorie de ménages | Femmes | | Hommes | | Taux de féminité |
|---|---|---|---|---|---|
| | N | % | N | % | |
| Personnes seules | 116 069 | 42,9 | 178 737 | 70,2 | 39,4 |
| Couples sans enfants | 24 622 | 9,1 | 24 622 | 9,7 | 50,0 |
| Familles monoparentales | 85 300 | 31,5 | 6 727 | 2,6 | 92,7 |
| Couples avec enfants | 44 122 | 16,3 | 44 122 | 17,3 | 50,0 |
| Conjoints d'étudiants | 484 | 0,2 | 268 | 0,1 | 64,4 |
| **Total** | **270 597** | **100,0** | **254 476** | **100,0** | **51,5** |

Source : Direction de l'évaluation et de la statistique du ministère de la Sécurité du revenu.

Tableau 5.17
**Répartition des femmes inscrites à la sécurité du revenu faisant partie des différentes catégories de ménages selon le groupe d'âge, Québec, septembre 1993**

| Catégorie de ménages | 15-24 % | 25-34 % | 35-44 % | 45-54 % | 55 ou + % | Total % |
|---|---|---|---|---|---|---|
| Personnes seules | 15,6 | 17,7 | 18,0 | 23,2 | 25,5 | 100,0 |
| Couples sans enfants | 7,3 | 10,2 | 13,2 | 32,7 | 36,7 | 100,0 |
| Familles monoparentales | 16,6 | 41,5 | 30,6 | 9,5 | 1,8 | 100,0 |
| Couples avec enfants | 13,8 | 42,9 | 30,9 | 10,4 | 2,0 | 100,0 |
| Conjoints d'étudiants | 26,9 | 49,4 | 21,1 | 2,3 | 0,4 | 100,0 |
| **Total** | **14,9** | **28,7** | **23,6** | **17,6** | **15,2** | **100,0** |

Source : *Ibid.*

Tableau 5.18
**Répartition des femmes inscrites à la sécurité du revenu selon le programme et le groupe d'âge, Québec, septembre 1993**

| Type de programmes | 15-24 % | 25-34 % | 35-44 % | 45-54 % | 55 ou + % | Total % |
|---|---|---|---|---|---|---|
| Soutien financier | 5,8 | 9,0 | 16,4 | 31,0 | 32,7 | 17,7 |
| Apte non disponible | 50,0 | 50,5 | 23,9 | 15,7 | 63,0 | 39,9 |
| Apte participant | 13,5 | 10,6 | 10,9 | 6,4 | 0,6 | 8,8 |
| Apte disponible | 8,2 | 6,1 | 7,9 | 6,4 | 0,1 | 6,0 |
| Apte non participant | 22,0 | 23,0 | 39,8 | 38,7 | 0,7 | 26,2 |
| Hébergés | 0,4 | 0,8 | 1,2 | 1,8 | 2,9 | 1,3 |
| **Total** | **100,0** | **100,0** | **100,0** | **100,0** | **100,0** | **100,0** |

Source : *Ibid.*

# Revenu :
# la pension alimentaire

Selon une étude de Statistique Canada basée sur les données fiscales de 1988, la pension alimentaire a une importance certaine pour les personnes qui la reçoivent. Ainsi, pour les personnes hors famille (voir définition, p. 28), elle représente 38 % du revenu moyen ; cette proportion est, dépendant du nombre d'enfants dans la famille, de 16 % à 24 % dans le cas des familles monoparentales et de 5 % à 7 % pour les familles conjointe-conjoint.

Toutefois, ce ne sont pas toutes les femmes divorcées ou séparées qui touchent une pension alimentaire ; d'abord, au Québec, selon les données les plus récentes sur les dossiers de séparation ou de divorce ouverts de 1981 à 1983, seulement 44 % de l'ensemble des jugements en séparation et en divorce prévoient une ordonnance de pension alimentaire, cette proportion atteignant 57,6 % pour les jugements impliquant des enfants à charge (tableau 5.19). Ces pourcentages, qui sont relativement faibles, représentent une amélioration par rapport a la situation observée dans une étude effectuée à partir des dossiers judiciaires de séparation ou de divorce ouverts en 1975. En effet, une pension alimentaire était octroyée dans 37,5 % de l'ensemble des jugements et dans 47,5 % de ceux impliquant des enfants à charge. Par ailleurs, on peut penser que le taux d'ordonnance de pension alimentaire s'est encore amélioré ces dernières années si on se fie aux résultats d'une étude plus récente (1988), réalisée dans quatre villes canadiennes à partir d'un échantillon de dossiers de divorce : selon cette étude, 68 % des jugements impliquant des enfants à charge prévoyaient une pension alimentaire. Il n'en demeure pas moins que, pour une raison ou pour une autre, une proportion assez importante de jugements en séparation ou en divorce ne prévoient aucune pension alimentaire, même en présence d'enfants.

De plus, le fait qu'une pension alimentaire soit prévue dans un jugement en séparation ou en divorce ne garantit pas qu'elle sera versée. Selon une estimation du ministère de la Justice du Québec, moins de la moitié (45 %) des pensions alimentaires sont payées sans problèmes, alors que 55 % sont en défaut de paiement et nécessitent des procédures d'exécution (graphique 5F). Après certaines procédures entreprises par les femmes elles-mêmes, par leur avocat ou par le percepteur des pensions alimentaires, on estime que 73,8 % des jugements sont respectés ; notons toutefois que ce pourcentage inclut les causes pour lesquelles il y a eu un jugement accordant la diminution de la pension (6,2 % des jugements) ou son annulation (5,6 %).

Tableau 5.19

**Taux d'ordonnance de pension alimentaire dans les jugements en séparation et en divorce, 1975, 1981 à 1983 et 1988**

| | Ensemble des jugements | Jugements impliquant des enfants à charge |
|---|---|---|
| Dossiers de séparation ou de divorce ouverts en 1975 (district judiciaire de Québec) | 37,5 % | 47,5 % |
| Échantillon de dossiers de séparation (incluant les unions libres) ou de divorce ouverts de 1981 à 1983 (ensemble du Québec) | 44,0 % | 57,6 % |
| Échantillon de dossiers de divorce ouverts en 1988 (Montréal, Ottawa, Saint-Jean (T.-N.) et Saskatoon) | N.D. | 68,0 % |

N.D. : Donnée non disponible.

Sources : Devost, Raymonde, *Les ordonnances de pension alimentaire et les jugements en séparation ou en divorce*, ministère de la Sécurité du revenu, Québec, 1979, p. 58.

Pelletier, Sylvie, *Pensions alimentaires 1981 à 1986. Attribution et perception,* ministère de la Justice, Québec, 1987, p. 51.

Ministère de la Justice, *Évaluation de la Loi sur le divorce, Étape II : Contrôle et évaluation*, Ottawa, 1990, p. 90.

Graphique 5F
**Estimation du taux de paiement des pensions alimentaires avant et après l'engagement de procédures d'exécution, Québec, décembre 1992**

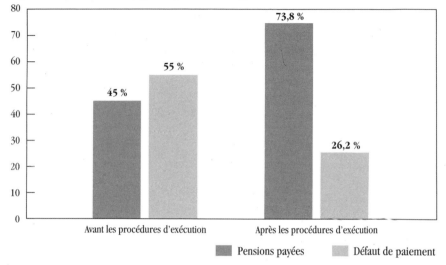

Source : Ministère de la Justice, Direction générale des services judiciaires.

# Données diverses

Ce dernier chapitre regroupe un ensemble de thèmes se rapportant à divers aspects de la vie des femmes et pour lesquels il a semblé pertinent de présenter un portrait statistique.

Les deux premières pages rappellent les progrès, en même temps que le nombre, encore restreint, des femmes dans les postes de commande politiques. Pour illustrer cette réalité, nous avons choisi des données relatives aux parlements, aux gouvernements et aux conseils municipaux.

Dans un autre domaine, l'activité des mères à l'extérieur du foyer a entraîné des besoins croissants pour la garde des enfants. À défaut de pouvoir décrire exactement la situation des familles, quelques tableaux fournissent des précisions sur les services de garde régis par l'Office des services de garde à l'enfance.

En ce qui a trait au soutien aux personnes âgées en perte d'autonomie, il repose en grande partie sur les familles, et plus particulièrement sur les femmes ; quelques chiffres le démontrent.

Par ailleurs, un grand nombre de services et d'organisations de toute nature fonctionnent grâce à l'action bénévole de nombreuses personnes. Si les femmes s'adonnent autant que les hommes à ce genre d'activité, plusieurs caractéristiques distinguent la participation des unes et des autres. C'est ce que cherche à montrer la page sur le bénévolat.

On y trouvera la confirmation que les femmes, quelle que soit leur situation familiale, continuent d'assumer une plus grande part des tâches domestiques, tant dans leur planification que dans leur exécution.

Enfin, des tableaux apportent quelques indications sur l'insécurité qui habite les femmes quant à leur intégrité physique et sexuelle, tandis que d'autres abordent la violence en milieu conjugal.

## Données diverses : les femmes dans les parlements et dans les gouvernements

Si les femmes ont le droit de voter aux élections fédérales depuis 1918, ce n'est qu'en 1940 qu'elles ont obtenu le droit de vote et d'éligibilité aux élections provinciales. Il a fallu cependant attendre 1961 pour qu'une femme soit élue au Parlement québécois, et 1972 pour que des Québécoises siègent à la Chambre des communes. En outre, le nombre de femmes dans les lieux de pouvoir demeure encore très restreint et les progrès ne sont pas assurés, comme le montrent les statistiques du présent chapitre.

À l'Assemblée nationale, le nombre de femmes élues a augmenté à chaque élection générale, de 1976 à 1989 ; de 5, elles sont passées à 8 en 1981, puis à 18 en 1985 et, enfin, à 23 en 1989. Les élections générales de 1994 n'ont pas permis de poursuivre cette progression, qui semblait bien engagée ; elles ne sont encore que 23 (18,4 %) à siéger au Parlement québécois (tableau 6.1).

Jusqu'à l'automne 1994, la proportion de femmes dans le gouvernement du Québec correspondait généralement à leur proportion dans l'Assemblée ; ainsi, en 1989 (tableau 6.1) et en janvier 1994, elles représentaient le cinquième du cabinet (tableau 6.1). Le cabinet formé en septembre 1994 se démarque par le fait que le pourcentage de femmes y est nettement supérieur à leur présence à l'Assemblée ; en effet, les femmes comptaient pour 30 % du conseil des ministres en septembre 1994 et 26,3 % à la fin de novembre 1994.

À la faveur d'une conjoncture particulière, l'élection fédérale de 1984 a permis une progression particulièrement importante du nombre d'élues, soit 14, comparativement à 6 élues en 1980 ; de 8 % de la représentation québécoise, elles passaient à 18,7 %. Toutefois, ce succès n'était que passager puisque, à chacune des élections suivantes, le nombre de Québécoises à la Chambre des communes a diminué, passant à 13 en 1988 (17,3 % de la représentation du Québec) et à 10 en 1993 (13,3 %). Pendant cette même période, on observe une augmentation constante du nombre de députées dans l'ensemble de la Chambre des communes (tableau 6.2).

Comme au gouvernement du Québec, la présence des femmes dans le gouvernement du Canada se rapproche de leur présence à la Chambre des communes (tableau 6.3).

Tableau 6.1

**Députées à l'Assemblée nationale du Québec et ministres dans le gouvernement du Québec, 1981, 1985 et 1989**

| | 1985 | | 1989 | | 1994 | |
|---|---|---|---|---|---|---|
| | Femmes | Taux de féminité | Femmes | Taux de féminité | Femmes | Taux de féminité |
| Députées | 18/122 | 14,8 | 23/125 | 18,4 | 23/125 | 18,4 |
| Ministres | 4/28 | 14,3 | 6/30 | 20,0 | 6/20* | 30,0 |

Sources : Drouilly, Pierre, *Répertoire du personnel politique québécois féminin, 1921-1989*, Québec, Bibliothèque de l'Assemblée nationale, 1990, 2ᵉ édition, coll. Bibliographie et documentation nº 36, tableau 16 ; Pierre Drouilly et Jocelyne Dorion, *Candidates, députées et ministres : les femmes et les- élections*, Québec, Bibliothèque de l'Assemblée nationale, 1988, coll. Bibliographie et documentation nº 29, tableau 24 ; le Directeur général des élections du Québec.
* Le 25 novembre 1994, le gouvernement est ramené à 19 membres dont 5 femmes (26,3 %).

Tableau 6.2

**Députées à la Chambre des communes, représentations québécoise et canadienne, 1984, 1988 et 1993**

| | 1984 | | 1988 | | 1993 | |
|---|---|---|---|---|---|---|
| | Femmes | Taux de féminité | Femmes | Taux de féminité | Femmes | Taux de féminité |
| Québec | 14/75 | 18,7 | 13/75 | 17,3 | 10/75 | 13,3 |
| Canada | 27/282 | 9,6 | 39/295 | 13,2 | 53/295 | 18,0 |

Sources : Pierre Drouilly, *op. cit.*, tableau 17, *Le Devoir*, 27 octobre 1993 et *The Toronto Star*, 28 octobre 1993.

Tableau 6.3

**Femmes ministres dans le gouvernement du Canada, représentations québécoise et canadienne, 1986, 1991 et 1993**

| | 1986 | | 1991 | | 1993 | |
|---|---|---|---|---|---|---|
| | Femmes | Taux de féminité | Femmes | Taux de féminité | Femmes | Taux de féminité |
| En provenance du Québec | 2/12 | 16,7 | 2/13 | 15,4 | 1/7 | 14,3 |
| Ensemble du gouvernement du Canada | 5/40 | 12,5 | 7/39 | 17,9 | 6/31 | 19,4 |

Sources : Pierre Drouilly et Jocelyne Dorion, *op. cit.*, tableau 25, et *Le Devoir*, 5 novembre 1993.

### *Pour en savoir plus*

Desrochers, Lucie, *Femmes et pouvoir : la révolution tranquille*, [Réalisé par le Conseil du statut de la femme], Québec, Les Publications du Québec, 1993, 98 p.

# Données diverses :
# les femmes dans les conseils municipaux

On aurait tendance à croire que le pouvoir municipal, qui s'exerce plus près de la population et touche certains domaines relatifs à la qualité de vie, est plus accessible aux femmes et que, par conséquent, elles s'y trouvent en plus grand nombre. Les chiffres nous démontrent pourtant le contraire ; en effet, en 1993, seulement 8,9 % des municipalités du Québec avaient une femme à la tête de leur conseil municipal (tableau 6.4). Ce pourcentage est de beaucoup inférieur à la proportion de femmes que l'on retrouve dans les parlements, soit 18 %. Le pourcentage des conseillères municipales (19,5 %) est toutefois comparable à celui des députées.

Le graphique 6A indique par ailleurs une progression constante de la proportion de femmes dans les conseils municipaux depuis 1982. On remarquera que la progression est plus importante pour les conseillères que pour les mairesses.

Le tableau 6.5 présente la répartition des mairesses et des conseillères municipales selon les régions administratives du Québec. C'est dans la région du Bas-Saint-Laurent que l'on rencontre la proportion la plus élevée de mairesses (14,8 %), alors que c'est dans la région de la Côte-Nord que les conseillères sont proportionnellement les plus nombreuses (31,3 %).

Le Québec compte quatre villes de 100 000 personnes et plus (Laval, Longueuil, Montréal et Québec), mais aucune de ces villes n'est présentement dirigée par une mairesse.

L'arrivée tardive du suffrage universel sur la scène municipale et les thèmes qui y sont traditionnellement abordés se rapportant principalement aux services à la propriété peuvent en partie expliquer ce manque d'intérêt des femmes pour le pouvoir local, voire leur insuccès. Les nouvelles responsabilités dévolues aux municipalités ainsi que la participation des élues et des élus municipaux à des instances régionales de gestion et de concertation élargissent les perspectives du pouvoir municipal : sont-elles susceptibles d'encourager une plus grande participation féminine ?

Tableau 6.4
**Évolution du nombre de femmes dans les conseils municipaux, Québec, 1982, 1986 et 1993**

|  | 1982 | | | 1986 | | | 1994 | | |
|---|---|---|---|---|---|---|---|---|---|
|  | F | H | Taux de féminité | F | H | Taux de féminité | F | H | Taux de féminité |
| Mairesses ou maires | 40 | 1 618 | 2,4 | 60 | 1 440 | 4,0 | 126 | 1 287 | 8,9 |
| Conseillères ou conseillers | 615 | 7 585 | 7,5 | 864 | 8 274 | 9,5 | 1 721 | 7 114 | 19,5 |

Source : Ministère des Affaires municipales.

Graphique 6A
**Évolution en pourcentage de la présence des femmes dans les conseils municipaux, Québec, 1982-1993**

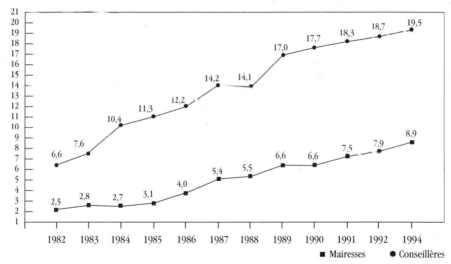

Source : Ministère des Affaires municipales.

Tableau 6.5
**Répartition des mairesses et des conseillères municipales selon les régions administratives du Québec, 1994**

| Régions | Mairesses | | | Conseillères | | |
|---|---|---|---|---|---|---|
| | Femmes | Total | Taux de féminité | Femmes | Total | Taux de féminité |
| Bas-Saint-Laurent | 20 | 135 | 14,8 | 176 | 812 | 21,7 |
| Saguenay–Lac-St-Jean | 4 | 59 | 6,8 | 84 | 372 | 22,6 |
| Québec | 6 | 84 | 7,1 | 101 | 536 | 18,8 |
| Mauricie–Bois-Francs | 14 | 165 | 8,5 | 171 | 1 023 | 16,7 |
| Estrie | 11 | 121 | 9,1 | 144 | 739 | 19,5 |
| Montréal | 2 | 29 | 6,9 | 59 | 274 | 21,5 |
| Outaouais | 7 | 80 | 8,8 | 87 | 497 | 17,5 |
| Abitibi-Témiscamingue | 8 | 87 | 9,2 | 139 | 526 | 26,4 |
| Côte-Nord | 4 | 32 | 12,5 | 62 | 198 | 31,3 |
| Nord-du-Québec | N.D. | N.D. | – | N.D. | N.D. | – |
| Gaspésie–Îles-de-la-Madeleine | 6 | 60 | 10,0 | 91 | 363 | 25,1 |
| Chaudière-Appalaches | 11 | 172 | 6,4 | 179 | 1 054 | 17,0 |
| Laval | 0 | 1 | 0,0 | 5 | 24 | 20,8 |
| Lanaudière | 8 | 71 | 11,3 | 82 | 446 | 18,4 |
| Laurentides | 5 | 98 | 5,1 | 120 | 599 | 20,0 |
| Montérégie | 20 | 219 | 9,1 | 221 | 1 372 | 16,1 |

Source : Ministère des Affaires municipales.

# Données diverses :
# la garde des enfants

Le taux d'activité des mères ne cesse de progresser. Alors qu'en 1971, 22 % des mères d'enfants d'âge préscolaire travaillaient à l'extérieur du foyer, cette proportion passait à 44 % en 1981 et à 62 % en 1993 ; quant aux mères d'enfants d'âge scolaire, en 1976, 40 % d'entre elles participaient au marché du travail, tandis que cette proportion était de 73 % en 1993. Pendant ce temps, le taux d'activité des pères n'a évidemment pas connu une diminution proportionnelle. Une telle évolution dans le taux d'activité des mères constitue le facteur le plus important pour la demande de services de garde pour les enfants. D'autres facteurs, comme les études, l'engagement social, les problèmes de santé, le besoin de répit pour les parents ou le besoin de socialisation des enfants, commandent également des services de garde.

Le tableau 6.6 indique le nombre de places disponibles dans les services de garde régis par l'Office des services de garde à l'enfance. Ainsi, 46 355 enfants peuvent trouver une place dans les garderies, alors que 12 210 autres enfants peuvent être gardés en milieu familial. C'est la garde en milieu scolaire qui, parmi les services régis, dessert le plus grand nombre d'enfants, soit 53 985.

Près de la moitié des enfants gardés plus ou moins régulièrement dans les services de garde régis ont recours aux services de garde en milieu scolaire (48 %). Une importante proportion de ces enfants, 41,2 %, fréquentent une garderie, tandis que seulement 10,8 % sont gardés en milieu familial.

Le graphique 6B montre l'évolution des services de garde régis depuis 1981. Les trois types de services ont connu des progressions importantes. On remarquera que le nombre de places en milieu scolaire a dépassé le nombre de places en garderie, entre 1987 et 1993. On notera également que le nombre de places en milieu familial a été multiplié par 15 au cours de ces années.

Le portrait des services de garde régis présente une description très incomplète de la garde des enfants, des besoins des familles et de la façon dont elles y font face. Ainsi, un très grand nombre d'enfants sont gardés par des membres de la famille, dans des familles amies ou au domicile de leurs parents par une personne embauchée à cette fin ; cette réalité pourtant fort importante échappe toutefois aux statistiques.

Tableau 6.6
**Répartition des places dans les services de garde régis par l'Office des services de garde à l'enfance selon la catégorie de services de garde, Québec, 1993**

| Catégories de services de garde | Nombre de garderies | Nombre de places | Distribution des places |
|---|---|---|---|
| En garderie | 896 | 46 355 | 41,2 |
| En milieu familial | 114 | 12 210 | 10,8 |
| En milieu scolaire | | | |
| de façon régulière | | 35 043 | |
| de façon sporadique | | 18 942 | |
| total (milieu scolaire) | | 53 985 | 48,0 |
| **Total** | **1 010** | **112 550** | **100,0** |

Source : Office des services de garde à l'enfance, *Rapport annuel 1992-1993*, Québec, Les Publications du Québec, 1993, tableaux 1, 4, 5 et 6.

Graphique 6B
**Évolution des services de garde régis par l'Office des services de garde à l'enfance, Québec, 1981-1993**

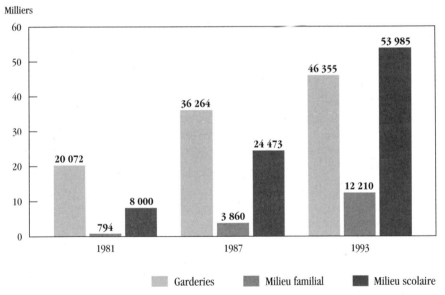

Source : *Ibid.*, p. 27.

# Données diverses :
# le soutien aux personnes âgées en perte d'autonomie

Il se développe au Québec un consensus sur l'opportunité de créer les conditions qui permettent aux personnes âgées, comme à d'autres groupes de personnes dont l'autonomie est restreinte, de demeurer dans leur milieu. On invoque autant le désir de ces personnes de vivre dans des conditions sociales qui préservent le plus possible leur autonomie et le contrôle de leur vie, que la nécessité de limiter l'accroissement des dépenses publiques. Dans une certaine mesure, toutefois, le débat autour du développement du maintien à domicile des personnes âgées, malades ou handicapées, entretient le mythe de la désaffection dont elles seraient victimes et de leur abandon par les familles, tout en occultant le soutien que leur apportent actuellement les proches.

Le tableau 6.7 indique que 81 % des personnes de 65 ans ou plus atteintes d'une incapacité vivent dans des ménages privés. On notera aussi que plus du quart des personnes âgées de 65 ans ou plus vivant dans un ménage privé ont besoin, à des degrés divers, d'une aide régulière. En outre, la moitié des personnes souffrant de la maladie d'Alzheimer vivent dans leur milieu.

Pour sa part, le tableau 6.8 révèle que seulement 2,4 % des services dispensés aux personnes âgées en perte d'autonomie proviennent des CLSC ; le reste provient des proches. De fait, plusieurs études confirment que 70 % à 80 % des services personnels sont assurés par la famille.

Les recherches démontrent aussi que le soutien est apporté principalement par les femmes (conjointes, filles et belles-filles) dans une proportion de 70 % à 80 %. Entre l'âge de 35 à 64 ans, la moitié des femmes peuvent s'attendre à prendre soin d'un parent âgé.

L'aide est très diversifiée : soutien psychologique et émotif, médiation entre la personne et les services officiels, aide directe pour les activités quotidiennes et domestiques, gardiennage, etc. La cohabitation constitue une forme d'aide particulière à cause de la variété et de l'intensité des services offerts. Les femmes donnent plus de soins personnels, alors que les hommes s'occupent davantage de tâches moins fréquentes, comme l'administration et le transport.

Tableau 6.7
**Quelques données sur la situation des personnes âgées en perte d'autonomie**

| Situation | % des personnes âgées |
|---|---|
| Personnes de 65 ans et plus ayant une incapacité* | 40,0 |
| Proportion de ces personnes résidant dans un ménage privé* | 81,0 |
| Population de 65 ans et plus vivant dans un ménage privé** | |
| Personnes confinées au lit | 3,2 |
| Personnes habituellement incapables de sortir | 6,7 |
| Personnes ayant besoin d'aide pour les soins personnels | 4,8 |
| Personnes ayant besoin d'aide pour les soins instrumentaux | 12,2 |
| Personnes atteintes de la maladie d'Alzheimer*** | |
| Personnes de 60 ans et plus | 3,0 |
| Personnes de 80 ans et plus | 20,0 |
| Proportion de ces personnes vivant dans leur milieu | 50,0 |

Sources :
* Statistique Canada, *L'enquête sur la santé et les limitations d'activités*, Données sélectionnées non publiées, Ottawa, Statistique Canada 1988.
** Ministère de la Santé et des Services sociaux, *Et la santé, ça va ? Rapport de l'Enquête Santé Québec 1987*, Tome 1, 1988, 337 p.
*** Ministère de la Santé nationale et du Bien-Être social, Société Alzheimer du Canada, *Renseignements à l'intention des familles*, Ottawa, Santé nationale et Bien-Être social Canada, 1985.

NOTE : Toutes les données présentées dans ces tableaux sont citées dans Louise Garant et Mario Bolduc, *L'aide des proches : mythes et réalités*, Québec, Ministère de la Santé et des Services sociaux, Direction de l'évaluation, juin 1990, 157 p.


Tableau 6.8
**Répartition des services offerts aux personnes âgées en perte d'autonomie selon l'origine des services, Québec**

| Source des services | Répartition* |
|---|---|
| Conjoint, conjointe du répondant au questionnaire | 61,0 |
| Famille | 41,0 |
| CLSC | 2,4 |

Source : Jutras, S., Veilleux, F., Renaud, M., *Des « partenaires » méconnus : les aidants des personnes âgées en perte d'autonomie*, Document de recherche, Montréal, Université de Montréal, Groupe de recherche sur les aspects sociaux de la prévention (GRASP), [1989], 98 p.

Renaud, M., Jutras, S., Bouchard, P./Commission d'enquête sur les services de santé et les services sociaux, *Les solutions qu'apportent les Québécois à leurs problèmes sociaux et sanitaires*, Recherche n° 6, Québec, Les Publications du Québec, 1988, 282 p.

* Le total dépasse 100 parce que les services peuvent provenir de plusieurs sources.

### Pour en savoir plus

Guberman, Nancy, Pierre Maheu et Chantal Maillé, *Et si l'amour ne suffisait pas ? : Femmes, familles et prise en charge des proches âgés et psychiatrisés*, Santé et Bien-Être, gouvernement du Canada, 1990, 230 p.

## Données diverses :
## le bénévolat

Au Québec, près d'une personne âgée de 15 ans ou plus sur cinq s'adonne à des activités bénévoles organisées dans différents domaines. La présence des femmes parmi les bénévoles correspond à leur présence dans la population (51,5 %); il y a donc une égalité entre les femmes et les hommes dans la participation. Toutefois, les femmes et les hommes se démarquent sur plusieurs points.

Ainsi, plus de jeunes hommes que de jeunes femmes ont tendance à pratiquer le bénévolat; la situation se renverse avec l'âge alors que la présence des femmes est dominante dans le groupe des 55 ans ou plus. Les hommes mariés pratiquent un peu plus le bénévolat que les femmes mariées (52,7 % des bénévoles mariés sont des hommes). On notera par ailleurs que la majorité des bénévoles sont mariés; en effet, 62 % des femmes et 73 % des hommes bénévoles sont mariés. Les femmes séparées, divorcées ou veuves s'adonnent nettement plus au bénévolat que les hommes dans la même situation (73,4 % des bénévoles de cette catégorie sont des femmes).

Si, parmi les bénévoles occupant un emploi à plein temps, les hommes dominent (62 %), les femmes sont nettement plus nombreuses parmi les bénévoles qui occupent un emploi à temps partiel et qui ne sont pas en emploi (respectivement 72 % et 84,1 %).

La source utilisée ne permet pas de dégager clairement les bénévoles sans enfants. Toutefois, on remarque, comme on pouvait s'y attendre, que l'activité bénévole des femmes augmente à mesure que les enfants grandissent. On constate, en effet, une sous-représentation des femmes parmi les bénévoles qui ont des enfants en bas âge; cependant, l'équilibre est presque atteint lorsque la famille est composée d'enfants d'âge scolaire (50,5 %).

Les différences entre les femmes et les hommes sont surtout remarquables dans le type d'actions bénévoles auxquelles ils s'adonnent et reflètent, d'une certaine façon, les divisions traditionnelles des rôles. La majorité des femmes (58,8 %) sont concentrées dans quatre secteurs d'activité, soit l'éducation, la religion, le service social et la santé. En comparaison, la moitié des hommes (49,7 %) pratiquent le bénévolat dans les sports, les organismes offrant des services variés, l'économie et la religion.

Tableau 6.9

**La pratique des activités bénévoles selon le sexe, certaines autres caractéristiques et le secteur d'activité, Québec, 1987**

| Caractéristiques des bénévoles | Femmes | Hommes | Taux de féminité | Répartition des femmes |
|---|---|---|---|---|
| Nombre total de bénévoles | 517 000 | 487 000 | 51,5 | |
| **Âge** | | | | |
| 15-24 ans | 74 000 | 83 000 | 47,1 | 14,3 |
| 25-34 ans | 112 000 | 122 000 | 47,9 | 21,7 |
| 35-44 ans | 144 000 | 120 000 | 54,5 | 27,9 |
| 45-54 ans | 73 000 | 78 000 | 48,3 | 14,1 |
| 55 ans et plus | 114 000 | 82 000 | 58,2 | 22,1 |
| **Total** | **517 000** | **485 000** | **51,6** | **100,0** |
| **Statut matrimonial** | | | | |
| Mariés | 320 000 | 356 000 | 47,3 | 62,0 |
| Célibataires | 127 000 | 106 000 | 54,5 | 24,6 |
| Séparés, divorcés, veufs | 69 000 | 25 000 | 73,4 | 13,4 |
| **Total** | **516 000** | **487 000** | **51,4** | **100,0** |
| **Statut d'emploi** | | | | |
| Emploi à temps plein | 253 000 | 413 000 | 38,0 | 48,9 |
| Emploi à temps partiel | 116 000 | 45 000 | 72,0 | 22,4 |
| N'est pas en emploi | 148 000 | 28 000 | 84,1 | 28,6 |
| **Total** | **517 000** | **486 000** | **51,5** | **100,0** |
| **Présence d'enfants** | | | | |
| 0 à 2 ans | 30 000 | 50 000 | 37,5 | 10,0 |
| 3 à 5 ans | 53 000 | 102 000 | 34,2 | 19,1 |
| 6 à 15 ans | 195 000 | 191 000 | 50,5 | 70,1 |
| **Total** | **278 000** | **343 000** | **44,8** | **100,0** |
| **Scolarité** | | | | |
| Aucune ou élémentaire | 81 000 | 74 000 | 52,3 | 15,7 |
| Secondaire | 221 000 | 201 000 | 52,4 | 42,8 |
| Postsecondaire | 144 000 | 112 000 | 56,3 | 27,9 |
| Universitaire | 70 000 | 100 000 | 41,2 | 13,6 |
| **Total** | **516 000** | **487 000** | **51,4** | **100,0** |
| **Secteurs d'activité** | | | | |
| Santé | 92 000 | 37 000 | 71,3 | 12,2 |
| Éducation | 138 000 | 71 000 | 66,0 | 18,3 |
| Service social | 104 000 | 60 000 | 63,4 | 13,8 |
| Loisirs | 55 000 | 70 000 | 44,0 | 7,3 |
| Sports | 56 000 | 129 000 | 30,3 | 7,4 |
| Justice, environnement et international | 14 000 | 30 000 | 31,8 | 1,9 |
| Économie | 38 000 | 78 000 | 32,8 | 5,0 |
| Religion | 109 000 | 76 000 | 58,9 | 14,5 |
| Arts | 28 000 | 40 000 | 41,2 | 3,7 |
| Communauté | 57 000 | 62 000 | 47,9 | 7,6 |
| Multidomaines | 63 000 | 82 000 | 43,4 | 8,4 |
| **Total** | **754 000** | **735 000** | **50,6** | **100,0** |

Source : Carpentier, Josée et François Vaillancourt, *L'activité bénévole au Québec : la situation en 1987 et son évolution depuis 1979*, Québec, Les Publications du Québec, 1990, tableaux 3.1, 3.2A, 3.2B, 5.2A et 5.2B.

# Données diverses :
# le partage du travail domestique

Les données contenues dans le tableau 6.10 confirment que les femmes, qu'elles soient sur le marché du travail ou non, consacrent plus de temps que leur conjoint au travail domestique. De façon générale, les femmes fournissent 65 % du temps consacré au travail domestique qui comprend, entre autres, le travail ménager (tâches effectuées quotidiennement à l'intérieur de la maison ainsi que les tâches d'entretien effectuées périodiquement à l'extérieur).

Comme on pouvait s'y attendre, ce sont les femmes sans emploi qui consacrent le plus de temps à ces activités (6 heures 23 minutes par jour). Parmi elles, ce sont les femmes qui vivent dans un ménage comptant au moins un enfant de moins de 5 ans qui effectuent la plus longue durée de travail domestique (508 minutes, soit 8 heures 30 minutes quotidiennement). En comparaison, les femmes en emploi dans la même situation familiale y consacrent 316 minutes (5 heures 15 minutes) ; les hommes en emploi dont la conjointe est aussi en emploi y consacrent 206 minutes (environ 3 heures 30 minutes). On notera que la situation d'emploi de la conjointe a peu d'influence sur le temps accordé aux tâches domestiques par les hommes puisque ceux-ci, lorsque leur conjointe a un emploi, n'augmentent leur participation que de 12 minutes par jour.

La présence d'un enfant de moins de 5 ans dans le ménage représente le facteur le plus important dans l'augmentation du temps domestique. Il faut remarquer toutefois que cette hausse est beaucoup plus appréciable pour les femmes que pour les hommes. En effet, de façon générale, les hommes augmentent la durée de leur participation de 39,2 %, passant de 2 heures 23 minutes à 3 heures 19 minutes, alors que la durée du travail domestique des femmes se prolonge de 100 %, passant de 3 heures 22 minutes à 6 heures 46 minutes. Dans les ménages où les deux conjoints sont en emploi, les hommes augmentent la durée de leur participation de 67 minutes, alors que le travail ménager des femmes prend 3 heures 22 minutes de plus. Dans les ménages composés de conjoints en emploi mais sans enfants, les femmes fournissent 45 % du temps domestique total ; en la présence d'un enfant de moins de cinq ans dans ce même type de ménage, les femmes fournissent 60 % de ce temps.

Une étude plus détaillée de ces données révèle que les femmes assument davantage les tâches requises quotidiennement alors que les hommes prennent plus en charge les travaux d'entretien extérieur, qui se font de façon sporadique et qui peuvent souffrir des retards.

Tableau 6.10
**Temps* consacré aux diverses composantes du travail domestique par les femmes
et les hommes, selon le genre de ménage et la situation des conjoints quant à l'emploi,
Québec, 1992**

| Genre de ménage et statut d'emploi des conjoints | Travail ménager | Soins aux membres du ménage | Achats et services | Durée du travail domestique |
|---|---|---|---|---|
| | Minutes/jour | | | |
| Hommes avec conjointe | 83 | 23 | 45 | 151 |
| Avec conjointe seulement | 91 | 3 | 49 | 143 |
| Avec enfants de moins de 25 ans | 83 | 39 | 44 | 166 |
| Avec au moins 1 enfant de moins de 5 ans | 87 | 74 | 38 | 199 |
| Avec enfants de 5 à 19 ans | 86 | 28 | 60 | 174 |
| Femmes avec conjoint | 184 | 49 | 48 | 281 |
| Avec conjoint seulement | 154 | 3 | 45 | 202 |
| Avec enfants de moins de 25 ans | 198 | 86 | 48 | 332 |
| Avec au moins 1 enfant de moins de 5 ans | 181 | 178 | 47 | 406 |
| Avec enfants de 5 à 19 ans | 181 | 41 | 58 | 280 |
| Hommes en emploi, conjointe en emploi | 84 | 27 | 43 | 154 |
| Avec conjointe seulement | 89 | 1 | 49 | 139 |
| Avec enfants de moins de 25 ans | 85 | 40 | 41 | 166 |
| Avec au moins 1 enfant de moins de 5 ans | 84 | 103 | 19 | 206 |
| Avec enfants de 5 à 19 ans | 103 | 23 | 73 | 199 |
| Femmes en emploi, conjoint en emploi | 139 | 44 | 39 | 222 |
| Avec conjoint seulement | 91 | – | 23 | 114 |
| Avec enfants de moins de 25 ans | 164 | 69 | 48 | 281 |
| Avec au moins 1 enfant de moins de 5 ans | 149 | 135 | 32 | 316 |
| Avec enfants de 5 à 19 ans | 129 | 46 | 70 | 245 |
| Hommes en emploi, conjointe sans emploi | 74 | 31 | 37 | 142 |
| Avec conjointe seulement | 73 | 1 | 59 | 133 |
| Avec enfants de moins de 25 ans | 76 | 42 | 30 | 148 |
| Avec au moins 1 enfant de moins de 5 ans | 95 | 74 | 26 | 195 |
| Avec enfants de 5 à 19 ans | 57 | 29 | 29 | 115 |
| Femmes sans emploi, conjoint en emploi | 238 | 80 | 65 | 383 |
| Avec conjoint seulement | 213 | 1 | 45 | 259 |
| Avec enfants de moins de 25 ans | 246 | 112 | 66 | 424 |
| Avec au moins 1 enfant de moins de 5 ans | 205 | 229 | 74 | 508 |
| Avec enfants de 5 à 19 ans | 259 | 31 | 75 | 365 |

Source : Statistique Canada, *Enquête sociale générale 1992*, données traitées par la Bureau de la statistique du Québec.
* Journée moyenne représentative des 7 jours de la semaine.

# Données diverses :
# les femmes victimes de violence

La sécurité et l'intégrité physiques des femmes n'est pas chose assurée dans notre société. Une enquête récente de Statistique Canada indique en effet que la majorité des Québécoises sont habitées par un sentiment d'insécurité lorsqu'elles sont à l'extérieur de leur résidence. En effet, 62 % des femmes adultes craignent de marcher seules dans leur quartier quand il fait noir et 73 % craignent d'attendre ou de prendre seules les transports en commun. Les stationnements intérieurs semblent être des endroits perçus comme étant particulièrement menaçants, puisque 8 femmes sur 10 y ressentent de l'insécurité. Même le foyer est perçu comme un lieu à risques par 4 femmes sur 10 (tableau 6.11). Les femmes qui vivent dans les grands centres urbains sont plus susceptibles d'être préoccupées de leur sécurité que celles qui vivent dans de petits centres urbains ou en milieu rural.

Ces sentiments sont fondés sur certaines réalités. L'enquête révèle que, effectivement, un grand nombre de femmes sont victimes d'agressions diverses. Près de la moitié des Québécoises de 18 ans ou plus (46 %) ont déclaré avoir été victimes d'au moins une agression physique ou sexuelle depuis l'âge de 16 ans (tableau 6.12). Ce pourcentage est de 51 % pour l'ensemble des Canadiennes. À l'échelle canadienne, 1 cas de violence sur 5 était suffisamment grave pour entraîner des blessures physiques.

Les femmes sont surtout victimes d'agressions sexuelles ; en effet, 31 % d'entre elles ont subi ce genre d'agressions, alors que 14 % ont été victimes d'agressions physiques. Très souvent, elles connaissent leur agresseur.

Vingt-deux pour cent des Québécoises ont été victimes de violence de la part de leur conjoint actuel ou d'un conjoint précédent. Le tableau 6.13 précise la situation des conjointes violentées. Parmi les femmes qui vivent ou qui ont vécu en couple, 47 % ont été agressées physiquement tandis que 17 % ont été victimes d'agressions sexuelles. Plusieurs des femmes agressées le sont pendant une grossesse, alors que d'autres le sont même après une séparation.

Tableau 6.11
**Proportion de femmes de 18 ans et plus qui, dans certaines situations, ont craint pour leur sécurité, Québec, 1993**

| Situations | % |
| --- | --- |
| Marcher seule dans son quartier quand il fait noir | 62 |
| Attendre ou prendre seule les transports en commun quand il fait noir | 73 |
| Se rendre seule à sa voiture dans un stationnement souterrain | 81 |
| Être seule chez soi le soir | 43 |

Source : Statistique Canada, *L'enquête sur la violence envers les femmes*, catalogue 11-001F, 1993.

Tableau 6.12
**Nombre de femmes de 18 ans et plus victimes d'actes de violence, selon le taux et le type d'actes de violence, Québec, 1993**

| Type d'agressions subies depuis l'âge de 16 ans | Nombre de femmes | % |
| --- | --- | --- |
| Tous les types d'actes de violence confondus (agresseur connu de la victime ou non) | 1 240 000 | 46 |
| Violence envers la conjointe | 599 000 | 22 |
| Agressions sexuelles | 830 000 | 31 |
| Agressions physiques | 374 000 | 14 |

Source : *Ibid.*

Tableau 6.13
**Nombre de femmes de 18 ans et plus ayant déjà vécu en couple qui ont déclaré avoir subi des actes de violence commis par un conjoint, selon le type d'agression et les circonstances de l'agression, Canada, 1993**

| Type d'agression ou situation | Conjoint actuel | | Conjoint précédent | |
| --- | --- | --- | --- | --- |
| | N | % | N | % |
| Type d'agression | | | | |
| Agressions physiques | 989 000 | 15* | 1 742 000 | 47* |
| Agressions sexuelles | 108 000 | 2* | 629 000 | 17* |
| Situation de la conjointe agressée | | | | |
| Agressée pendant la grossesse | 111 000 | 11** | 458 000 | 26** |
| Agressée après la séparation | – | – | 339 000 | 19** |

Source : *Ibid.*
* Calculé d'après le nombre de femmes de 18 ans et plus ayant déjà vécu en couple.
** Calculé à partir du nombre de femmes agressées.

### *Pour en savoir plus*

Moisan, Marie, *La violence conjugale au Québec : un sombre tableau*, Québec, Conseil du statut de la femme, 1994, 93 p.

Rinfret-Raynor, Maryse et Solange Cantin, *Violence conjugale : recherches sur la violence faite aux femmes en milieu conjugal*, Boucherville, Gaëtan Morin Éditeur, 1994, 552 p.

# Quelques sources de statistiques fréquemment utilisées

Pour le bénéfice des personnes qui désirent obtenir des statistiques plus complètes ou différentes de celles qui figurent dans le présent volume, nous avons cru utile de suggérer quelques publications régulières fréquemment utilisées.

## STATISTIQUE CANADA

### Les recensements canadiens

Un recensement est fait tous les cinq ans; le dernier a été fait en 1991 et a donné lieu à une série de documents. Parmi les publications les plus pertinentes, mentionnons :

- dans la série *Le Pays*
  - *Activité des femmes selon la présence d'enfants*, catalogue 93-325
  - *Âge, sexe et état matrimonial*, catalogue 93-310
  - *Certaines caractéristiques du revenu*, catalogue 93-331
  - *Familles : Caractéristiques sociales et économiques*, catalogue 93-320
  - *Familles : Nombre, genre et structure*, catalogue 93-312
  - *Fécondité*, catalogue 93-321
  - *Immigration et citoyenneté*, catalogue 93-316
  - *Industrie et catégorie de travailleurs*, catalogue 93-326
  - *Logements et ménage*, catalogue 93-311
  - *Niveau de scolarité et fréquentation scolaire*, catalogue 93-328
  - *Profession*, catalogue 93-327
  - *Revenu d'emploi selon la profession*, catalogue 93-332

- dans la série *Dimensions*

  — *Caractéristiques de la population et des familles à faible revenu*, catalogue 94-317

  — *Croissance démographique et répartition de la population, 1971-1991*, catalogue 94-302

  — *Les femmes du Canada, 1971-1991*, catalogue 94-303

  — *Les personnes âgées au Canada, 1971-1991*, catalogue 94-305

  — *Profil du revenu des familles et des ménages*, catalogue 94-316

  — *Profil du revenu des particuliers*, catalogue 94-315

La série *Profils de secteur* fournit différentes données sur la base des régions géographiques.

## Publications régulières

  — *Caractéristiques des familles comptant deux soutiens*, catalogue 13-215, publication annuelle

  — *Gains des hommes et des femmes*, catalogue 13-217, publication annuelle

  — *La population active*, catalogue 71-001, publication mensuelle

  — *Moyennes annuelles de la population active*, catalogue 71-220, publication annuelle

  — *Répartition du revenu au Canada selon la taille du revenu*, catalogue 13-208, publication annuelle

  — *Revenus des familles*, catalogue 13-208, publication annuelle

## BUREAU DE LA STATISTIQUE DU QUÉBEC

  — *Données sur la population active : statistiques économiques*, publication annuelle

  — *La situation démographique au Québec*, publication annuelle

# Bibliographie

BUREAU INTERNATIONAL DU TRAVAIL, *Le travail dans le monde*, Genève, Le Bureau, 1993, 111 p.

CANADA. MINISTÈRE DE LA JUSTICE, BUREAU DE L'EXAMEN, *Évaluation de la Loi sur le divorce – Étape II : Contrôle et évaluation*, Ottawa, Le Bureau, mai 1990, 158 p.

CANADA. STATISTIQUE CANADA, *Familles : Partie 1*, Ottawa, Statistique Canada, catalogue 93-106, 1993

CANADA. STATISTIQUE CANADA, *Gains des hommes et des femmes 1981-1982*, Ottawa, Statistique Canada, catalogue 13-577 hors série, 1984

CANADA. STATISTIQUE CANADA, *Gains des hommes et des femmes*, Ottawa, Statistique Canada, 13-217 annuel, 1992

CANADA. STATISTIQUE CANADA, *L'enquête sur la violence envers les femmes : faits saillants*, Ottawa, Statistique Canada, catalogue 11-001F, 1993

CANADA. STATISTIQUE CANADA, *Moyennes annuelles de la population active*, Ottawa, Statistique Canada, catalogue 71-220, 1993

CANADA. STATISTIQUE CANADA, *Moyennes annuelles de la population active 1981-1988*, Ottawa, Statistique Canada, catalogue 71-529, 1989

CANADA. STATISTIQUE CANADA, *Population ayant travaillé en 1980 – revenu d'emploi selon la profession*, catalogue 92-930, 1984

CANADA. STATISTIQUE CANADA, *Recensement de 1981 – Population, ménages privés, familles de recensement dans les ménages privés : revenu Québec*, Ottawa, Statistique Canada, catalogue 93-953, vol. 2, 1984

CANADA. STATISTIQUE CANADA, *Recensement de 1991 – Âge, sexe et état matrimonial : Le Pays*, Ottawa, Statistique Canada, catalogue 93-310, 1993

CANADA. STATISTIQUE CANADA, *Recensement de 1991 – Certaines statistiques du revenu*, catalogue 93-331, 1993

CANADA. STATISTIQUE CANADA, *Recensement de 1991 – Familles : Nombre, genre et structure*, Ottawa, Statistique Canada, catalogue 93-312, 1993

CANADA. STATISTIQUE CANADA, *Recensement de 1991 – Immigration et citoyenneté : Le Pays*, Ottawa, Statistique Canada, catalogue 93-316, 1993

CANADA. STATISTIQUE CANADA, *Recensement de 1991 – Industries et catégories de travailleurs : Le Pays*, Ottawa, Statistique Canada, catalogue 93-326, 1993

CANADA. STATISTIQUE CANADA, *Recensement de 1991 – Niveau de scolarité et fréquentation scolaire : Le Pays*, Ottawa, Statistique Canada, catalogue 93-328, 1993

CANADA. STATISTIQUE CANADA, *Répartition du revenu au Canada selon la taille du revenu*, Ottawa, Statistique Canada, catalogue 13-207 annuel, 1992

CARPENTIER, Josée et François VAILLANCOURT, *L'activité bénévole au Québec : la situation en 1987 et son évolution depuis 1979*, Québec, Les Publications du Québec, 1990

DEVOST, Raymonde, *Les ordonnances de pension alimentaire et les jugements en séparation ou en divorce*, ministère des Affaires sociales, 1979, 104 p.

DROUILLY, Pierre et Jocelyne DORION, *Candidates, députées et ministres : les femmes et les élections*, Québec, Bibliothèque de l'Assemblée nationale, 1988, 134 p.(coll. Bibliographie et documentation n° 29)

DROUILLY, Pierre, *Répertoire du personnel politique québécois féminin 1921-1989*, Québec, Bibliothèque de l'Assemblée nationale, 1990, 60 p.(coll. Bibliographie et documentation n° 36)

DUCHESNE, Louis, *La situation démographique au Québec – Édition 1993*, Québec, Les Publications du Québec, 1993, 218 p.

GARANT, Louise et Mario BOLDUC, *L'aide des proches : mythes et réalités*, Québec, ministère de la Santé et des Services sociaux, juin 1990, 157 p.

JUTRAS, S., F. VEILLEUX et M. RENAUD, *Des « partenaires » méconnus : les aidants des personnes âgées en perte d'autonomie. Document de recherche*, Montréal, Université de Montréal, Groupe de recherche sur les aspects sociaux de la prévention (GRASP), [1989], 98 p.

MESSIER, Suzanne, *Les femmes ça compte* [Réalisé par le Conseil du statut de la femme], Québec, Les Publications du Québec, 1984, 200 p.

MOTARD, Louise et Camille TARDIEU, *Les femmes ça compte* [Réalisé par le Conseil du statut de la femme], Québec, Les Publications du Québec, 1990, 263 p.

PELLETIER, Sylvie, *Pensions alimentaires 1981 à 1986. Attribution et perception*, ministère de la Justice, Québec, 1987, 365 p.

QUÉBEC (PROVINCE). COMMISSION DE LA SANTÉ ET DE LA SÉCURITÉ DU TRAVAIL, *Pour une maternité sans danger : statistiques 1989-1992*, Québec, 1993

QUÉBEC (PROVINCE). MINISTÈRE DE LA SANTÉ ET DES SERVICES SOCIAUX, *Et la santé, ça va ? Rapport de l'enquête Santé Québec 1987*, Québec, Les Publications du Québec, tome 1, 1988, 337 p.

QUÉBEC (PROVINCE). OFFICE DES SERVICES DE GARDE À L'ENFANCE, *Rapport annuel 1992-1993*, Québec, Les Publications du Québec, 1993, 65 p.

RENAUD, M., S. JUTRAS et P. BOUCHARD/COMMISSION D'ENQUÊTE SUR LES SERVICES DE SANTÉ ET LES SERVICES SOCIAUX, *Les solutions qu'apportent les Québécois à leurs problèmes sociaux et sanitaires*, Recherche n° 6, Québec, Les Publications du Québec, 1988, 282 p.

ROCHON, Madeleine, « Ligatures de trompes et vasectomies au Québec. Évolution récente », *Cahiers québécois de démographie*, printemps 1991, vol. 20, n° 1, p.156-166

# Index des mots clés

Composition
Info•1000•Mots inc.

Achevé d'imprimer en mai 1995
sur les presses de l'Imprimerie
Laurentide inc. à Loretteville